翻译的基本知识

钱歌川 著

北京联合出版公司
Beijing United Publishing Co.,Ltd.

目　录

重版补记

这本小书问世以后,竟意外地引起学术界一些朋友的注意,使我感到颇为兴奋。首先是南洋大学的同僚,年轻的史学家曹仕邦先生的来信。他提出好一些读后感,其中有一条是最有意义的,可供爱好或从事翻译的人参考或研究,所以我转录在此,并附我本人的答复,以待博雅君子的核定。

"原书一二四页至一二五页'二竖故事的试译'文中,先生将'余得请于帝焉矣'句中的'帝',译作 the late king,后学觉得似宜改用 lord 一字来译较好,原因有二:

(a)春秋时代最高统治者是'王',而不是'帝'。至于秦、齐互称东、西帝,是战国末年的事,即快到秦始皇统一天下的时候才发生的。所以这里说的'帝',可能是指'天神','上帝'而言。

(b)先生已经指出英文是一种含糊的语文,因此我觉得利用它的含糊特性来翻译,似乎更要圆通些。英文的 lord,既可作'上帝'解,也可作'大人'解,所以在此为'天神'固可,为'先王'亦无不可。"

曹先生提出的这种高见,给了我在翻译时选辞拣字上很好的示范作用,不过我当时执笔翻译那句古文时,也曾为得在 emperor，king，ruler，duke，lord 诸字间加以抉择而有所迟疑，最后采用了 king，是根据下面两条规律来决定的：

> （1）卒葬曰帝。（见《大戴礼·诰志》）
>
> （2）措之庙立之主曰帝。（见《礼·曲礼下》）

意即一位国君，在生为公为王，死后便可称之为帝。如果在生是称帝的，死后则称先帝，如诸葛亮在《出师表》上说的"先帝创业未半"之类。

翻译是要字斟句酌的，曹先生虽未尝从事翻译，却有这种翻译的精神，值得佩服。因为他提出异议，我才有机会说出我翻译那一个字时的苦心，为那些不假思索随意照字面翻译的人树立一种楷模，以期减少翻译上的错误。

在同一文中王叔岷先生也曾告我，"公疾病，求医于秦"句中的"疾病"作"疾甚"解，幸亏我译为 suddenly fell ill（一听就病倒了），意思相差不远，虽没有用 serious 一类的字眼，但后面说景公已病得神志不清，其病情的沉重可想而知了。

此外，新加坡文学界的元老连士升先生，也在报端写了一篇《海滨寄简》，专谈读了《翻译的基本知识》一书后的感想，可视为一种书评，现节录一部分如下：

> 谈到翻译，你可以说是斫轮老手，本质上，你是个作家，在散文作家里你有一定的地位。你精通英文和日文，在分析和了解上，绝对不成问题。此外，你有几十年翻译的经验，乐此不疲，越运用越纯熟。加以多年

来,你在各大学里,所担任的多是翻译的课程,熟能生巧,心得自然比较一般畅晓两三种语文的人多得多。因此,当我没有拜读大著以前已经有了信心,读完之后,更觉得名不虚传。

说来实在不容易,任何一技的成功,完全靠累积的功夫,而关键又在于浓厚的兴趣,和有恒不懈的努力。

只因你对于翻译很有兴趣,所以你才能够以数十年如一日的功夫,来研究和传授翻译。翻译家不但是本国文字的作家,而且是外文的爱好者。在没有动笔翻译之前,必须对于原文有深刻的了解,要达到这目的,各种字典、辞典,以及有关问题的参考书,必须齐全。你很幸运,几十年来都在大报馆、大书局、大学校工作,公共图书馆的设备,大可补充个人藏有不足的地方。"工欲善其事,必先利其器。"无论一个作家或翻译家多么努力,假如没有得力的工具,他的工作效率将大为减低,甚至根本没法子进行。

一个人最怕自视太高,唯我独尊,对于别人的成就,根本不放在眼内。你是充分了解孙子的"知己知彼,百战百胜"的战略的人,因此,你时常研读各著名翻译家的作品,看看人家的优点在哪儿,缺点又在哪儿,然后取其精华,删其芜杂,以便树立自己的翻译方法。的确,各人有各人的方法,一种原文,百人译出,尽不相同。有的对原文的了解不够深刻,有的对于有关学问完全外行,有的要做急就章,不免流于疏忽,有的中文太差,译出来的东西,比天书还难读,诸如此类的事情,时常可以见到,在这儿,研究翻译,尽量采用别人的长处,如发觉别人翻译有错误,就应以"哀矜勿喜"的态度,提高警惕,免得重蹈覆辙。

其实,谈理论并不难,最难的是取譬引喻。初出茅庐的人经验不够,他们不是食古不化,便是食洋不化,没法子提出具体的例子来说明。大作得力处,在于实例很多,使人一看就能明白。这种深入浅出的功夫,证明你的确是个行家。

在第九章"首先要了解原文"里,你特地选出五十字,注明同一字而英美的意义不同。举一反三,聪明的读者不难了解同一文字,而含义却是那么歧异。这会提醒他们以后阅读书报,尤其是把笔为文,须加倍小心。

你幼时在故乡打好巩固的中文基础,后来留日,又留英,长期的努力,使你在中、日、英三种语文上,达到优游自得的乐趣。因为你学了日本学术界勤学苦练的功夫,对于外文的进修,多是脚踏实地,所以在翻译和写作上,绝对不成问题。这两三天来,我细心研读揣摩你的"二竖的故事试译",这才了解你的英文写作的能力实在高明。你把《左传》一段古文,先译成浅近的白话文,再译成琅琅可诵的英文,这一套真实的功夫,不由得不使人肃然起敬。

　　平心而论,创作困难,翻译也不容易。作家只需精通一种母语,翻译家至少须畅晓两种以上的文字。虽然作家还需搜索枯肠,博访周询,找出许多材料来证实他的理论,而译者却可节省这些麻烦,把人家既成的作品拿来照译,但是在行文上,作家可以自由发挥,而翻译家须受原文的限制,有的可译,有的不可译。有的虽能做到信和达的程度,但因时间和地域的关系,一篇译文,读来全不是味道。

　　最后,我非常同意你的建议,一切译文必须以逻辑为标准。假如译文不合逻辑,读起来完全不像话。译者必须自己先把原文彻底了解,才可下笔。原意完全明白,译文合乎逻辑,那么"信"和"达"的两大条件已经做到了,至于"雅""不雅",见仁见智,各人的看法不同,只好不去管它了。

　　　　（文见一九七二年五月二十五日新加坡《南洋商报》）

一　一个古老的问题

　　世界上现存有三千多种语言,彼此之间不能理解,要理解就得凭仗翻译。语言的产生和人类的产生同样的古老,两种不同语言的人类,开始发生接触的时候,就发生了翻译的问题。人类由单有语言进化到有文字的程度,其间必然经过极其悠久的岁月,至今世界上三千多种不同的语言中,有文字的仍为极少数,这并不是说有的民族产生得较迟,所以文字也发达得迟,而是因为他们的知识进步得慢,文化水准很低的缘故。大家都知道:文字是代表民族的文化的,一个没有文字的民族,其文化水准的低落可想而知。孔子所谓"言之无文,行之不远",意思就是说,要把一个人的话语和思想,传到远方或传到后世,就必得有记录的文字。世界上最古的文字有三种:一为苏马利亚人和巴比伦人的楔形文字,二为埃及的图画文字,三为中国文字。所有人类的文字,虽则都是由图画演进而来,然而并非出自一源。于是发展出彼此极其不同的文字来了,如中国的文字为注音文字,西欧的文字为拼音文字。这已经在系统上大有不同,判然二物,即是那些有亲族关系的文字,如日本、高丽、安南,乃至古代的契丹、女真、西夏,都采用了中国文字,或至少是和汉字有不少的关系,但发展的结果,也多变成了另外一种文字,如日本文看上去虽则满纸汉字,然而我们中国人要了解它,也大不易。不要说外国,哪怕是在一国之内,文字也不尽同,我国直到秦朝的李斯,实行"书同文",才算是把中国的文字统一了。

同一国的文字,如果不统一的话,也是需要翻译的;外国的文字,哪怕是汉字集团,如上述的日本文及高丽文,我们如不经过翻译还是不能了解的。说话固然不能了解,就是写成文字也和我们的大有出入。所以说话需要翻译,文字更要翻译。没有文字而只是口头传述的,不算正式的翻译,只可称为通译(interpret);要把用文字写成的书籍,译成另外一种文字,这才是正式的翻译(translate)。在新加坡这个多元种族的国家,到处都是不同种族的人,说着各自的母语;就同是华族,也说福建、广东、潮州、海南、三江各地的方言,互相不能达意,就得有人通译。如果是在这个复杂的环境中生长的人,他就会说各种各样的话,会说英语,会说马来话,会说华语,会说闽、粤方言。这样的人英文叫做会说多种话语的人(polyglot)。他只能做通译,不能做翻译。通译是动口的,他不一定要认识字,而翻译是动手的,他必须通晓书本上的文字。所以从事翻译工作,非精通语文的人(linguist)莫办。

通译因无记录可留,自无史实可考,等到有记录时,已经到了翻译的阶段,至少是有一方面的记录,把当时由通译口头传述的话,用文字记下来了。如中国从事翻译的工作,而留下有记录可考的,是三千年前的周代。《礼记》的《王制》上说:

> 五方之民,言语不通,嗜欲不同。达其志,通其欲,东方曰"寄",南方曰"象",西方曰"狄鞮",北方曰"译"。

等到公元一百五十年的时候，即汉末的桓帝的朝代，所翻译的佛经，流传至今还在。《隋书》的《经籍志》上说：

> 汉桓帝时，安息国沙门安静，赍经至洛，翻译最为通解。

这似乎是"翻译"一词出现最早的记载，在汉以前只称"译"。《礼记》上说："北方曰译"，只用一个"译"字。因为汉人大半与北方的外族打交道，所以"译"的这个名称特别发达，后来加上一个形容词便称"翻译"，代表转译四方的语言文字了。

在西洋的欧洲，翻译也有两千年的历史了。有记录可考的，是在公元前二百五十年的时候，罗马的诗人安得罗尼可斯（Livius Andronicus, c. 284—204 B. C.）曾把希腊大诗人荷马（Homer, c. 10th cent. B. C.）的史诗《英雄流浪记》（Odyssey）译成了拉丁文。可见翻译这一种工作，是在两三千年前的古代，早已有了的，并不是什么新奇的玩意。如果翻译有什么问题的话，也是极其古老的问题。古人所遭遇的困难，我们同样还得遭遇。翻译免不了要发生误译，也并非时下才有的。在民国二十年左右，上海有位文人曾由英译本把俄国作家柴霍甫的短篇小说，全部译成中文，至少有十二巨册。他的中文写得非常流利，英文的阅读能力也不算坏，可是译得多了，总不免有失错（slip）的地方，于是乎他就在中国的文坛上闹了一个大笑话，把英文的银河（The Milky Way）译成"牛奶路"了，有诗为证：

> 可怜织女星，化为马郎妇。
> 乌鹊疑不来，迢迢牛奶路。

这首诗可以称为一种史料,中国翻译史上的逸话。大家都知道织女配牛郎,为什么诗中变成了"马郎"呢?这也是那位先生译笔下的杰作。神话中有一种上半身是人,下半身是马的怪物(Der Zentaur),竟被译成"半人半牛怪",当时曾被人讥为"牛头不对马嘴"的翻译。

在上诗中,提到为牛郎织女七七相会时架桥的"乌鹊",使我想起另外的一些译作来了。以译介中国文学名著闻名世界的,英国汉学大师介尔斯(Herbert Giles),把曹孟德的诗句:"月明星稀,乌鹊南飞",英译为:

> The stars are few, the moon is bright.
>
> The raven southward wings his flight.

而不久以前台湾的李杏村先生,新译的《前赤壁赋》(见1968 年 7 月出版的 *China Today*)上把这两句诗又译成:

> When the stars are few
>
> And the moon shines brightly,
>
> Magpies and ravens are winging their way
>
> Southward.

由上两种翻译看来,外国人译的也好,中国人自己译的也好,都把"乌鹊"一个名词翻译错了。介尔斯把它译成"乌鸦",是另外的一种鸟,而李杏村就把它译成两种鸟了,他不知道"乌"在此是一个形容词,实际是指那种俗呼为"喜鹊"的鸟。

上述几位译者都是很好的,尤其是介尔斯的鼎鼎大名汉学界谁不知道,可是译诗照旧不免有错,古人要译错,今人也要译错。所以我说翻译的困难问题,是自古以来就有了的。

二 约定俗成万物名

十九世纪的英国著名生物学者赫胥黎（Thomas H. Huxley，1825—1895），曾以极其通俗易解的文字，来说明大自然的奥秘。他把世间万物分为两类：一类叫自然物，一类叫人为物。如房屋、家具、舟车、机器之类，就是人为物，因为它们都是经过人的手艺而形成的；而另外还有更多的东西，是完全没有经人之手而出现的，世界上即令没有人类，它们也是存在的，那是些什么呢？那就是日月星辰，白云苍天，山河海洋，动物植物，一切自然产生的东西，所以称为自然物。所谓人为物，严格地说起来，也不真正是人类创造的，如果没有自然物的话，人类便什么也造不出来。例如，一张书桌，算是人为物吧，但是如果没有自然物的树木，给我们做材料，又哪里来的桌子呢？所以，事实上，人为物的产生，不外是我们叫作人类的这个自然物，在别的自然物上有所作为的结果。

老子说："天地不仁，以万物为刍狗。"意思是说，天地间产生万物，人最为贵，但在大自然方面来看，也是和刍草或狗畜一般，无分轩轾，正如赫胥黎所说的，人类也不过是自然物的一种而已。

自然物既是由造物者一手造成，全世界各地都是一样，美国的月亮也好，中国的月亮也好，都是一般大小的。天下乌鸦一般黑，是人都有五官，是树都有枝叶。不同种族，不同语言的人,对自然物的认识都是相同的。假如英国人指着早晨在东方升起的红日说:the sun,我们不懂英语的人,也懂得他是说的太阳。至于秦朝的赵高指鹿为马,那问题就来了。为什么那有叉角的动物就一定是鹿,那有鬣毛的动物就一定是马呢? 仓颉造名时,鹿还可以说是象形,而英文鹿的原意,只是指的普通动物(OE deor = beast, animal) 而已。当初把这名称派在别的动物头上,或派在马的头上,那么,赵高指着唤名的,也就不错了。莎士比亚说,名称有什么关系呢? 那个我们称为玫瑰花的,叫做任何其他的名字,也是一样的芬芳。这就是说,我们给它的名称虽有不同,而自然物本身的实质不变。荀子在他的《正名》篇上说:

> 名无固宜,约之以命。约定俗成谓之宜,异于约则谓之不宜。名无固实,约之以命。约定俗成谓之实名。

这是合乎现代语言学的理论的。现代中国首屈一指的语言学家赵元任,在一九五九年出版的《语言问题》上说:

> 语言跟语言所表达的事物的关系,完全是任意的,完全是约定俗成的关系。这是已然的事实,而没有天然,必然的关系。

他用了荀子的"约定俗成"四字,来说明语言的性质,可见他是同意荀子的说法的。

自然物是人类共有的,只是各种语言叫它的名称不同而已。我们只要知道那名称所指的是什么,总不会错。"野火烧不尽,春风吹又生"的青草,在世界任何地方都是一样的绿,一样的芳,无论你叫它什么名字都可以,它是决不会变成乔木的。我们在一种语言当中,由于约定俗成的关系,给它取上一个名字;在另外的语言中,又有另外的名字,但不同的名字,并不会发生不同的印象,因为大家心目中早有了那个自然物的形态,只要把两种不同的语言的名称,配合在一块儿,就可明白所指的是什么了。

人为物的情形就完全两样了。例如我们写字的笔墨,便是所谓人为物,凡有文化的民族,莫不有其行文必备的笔墨,可是形态全不一样。英文把中国的"笔"译做 brush,但这个英文字,含义为"刷子",用以擦洗(scrub),或扫除(sweep),或使干净(clean),或使整洁(tidy)的。中国辞典上对"刷"的解释有四:一为刮去,二为清除,三为理发具,四为印刷。无论是中国解释,或外国解释,brush 一字和中国"笔"的内容与形式,都相差很远。第一 brush 一定是平头的,而中国笔的特色就在它有笔锋,一尖一平,如何可以视同一物呢? 有人说中国的笔,与其译作 brush,不如译作 Chinese pen,还不至发生误会,其实,这也并不适合,因为英文的 pen 最初是鹅毛管做的,后来变成钢笔,最近流行的原子笔是在笔尖上附有小球的。无论它怎样进化,总离不开一点:那就是硬的笔头,而中国笔却是软的,所以一软一硬,处于相反的地位,如何可以构成同一物体的观念呢?

再看中国的"墨",被译成 Chinese ink,如中国的"砚台",就译成 slab for rubbing up Chinese ink。这比把"笔"译成 Chinese pen,更为不通,因为西洋的 ink 是液体,而中国的"墨"是固体,在实质上大不相同,绝不可能使人发生联想作用,等于译得不伦不类。虽同是约定俗成而取的名字,人为物与自然物有所不同,人为物是没有全人类共通的物象的。你没有见到实物,翻译时总不免有错。有些东西是属于玄奘所谓"三不译"范围之内的,因为译出来,既变成三不像,还不如不译的好。如佛经中的《楞伽经》《楞严经》等，"经"字是译了的，而"楞伽"和"楞严"就不译，即前者可意译，而后者则只能音译。中国的"词"，为中国诗中的变体，不同于"诗"，也不同于"曲"，更不同于"赋"，英文诗中绝无此种形式，勉强拿英文的一种诗体来翻译，必然是牛头不对马嘴，不伦不类，所以只好译音，译成 Tz'u，还不失其本来面目。翻译者处理人为物时，不可不特别谨慎。

三 岂有此理必有误

　　自然物的名词是很少被人误译的，人为物的名词被人误译的机会也不太多，最容易出纰漏的，就是抽象名词和行动词乃至修饰语之类。所以有时单是语言的知识还不够用，最后非得乞灵于逻辑不可。逻辑是翻译者的最后一张王牌，是他必须具有的基本要素。俗语说的"岂有此理"。正是翻译者随时需要的考验。凡是翻译出来的一字一句，一事一物，都必须要合乎逻辑，合乎情理，否则必然有误。太阳不能从西方出来，父亲不会比儿子年少，小器不能容大物，半数不能表全体，诸如此类，凡是违反人情天理的，都是悖理的，也多半都是译错的。

　　天覆地载是不移的道理，乾（king）是天，坤（queen）是地；夫是天，妻是地；无论贵为天子，下及庶民，都不能改变这个自然的法则。水一定是向低处流的，火一定是要燃烧的，植物要向阳生长，动物要爱它所生的小崽。天无云不雨，月缺了必圆。如有违反这些定则的，我们就要说："岂有此理。"译文上遇到不合理的说法，就值得我们怀疑了。

　　李白的《月下独酌》诗中说：

　　　　月既不解饮，影徒随我身。

　　第一句中说的"不解饮"，是说月亮不懂得喝酒，也就是不会喝酒，可是 *More Gems of Chinese Poetry* 的译者 Fletcher 却把这句诗英译为：

> The moon then drinks without a pause.

月亮怎么能够不停地喝酒呢？即令月中有嫦娥，她也至多只能浅斟低酌，绝不可能不停地饮酒。任何人读到这句译诗，都可断定是一种荒谬的误译。

赛珍珠译的《水浒》，其中确有不少妙（谬）译，现举出一、二实例来，以资研讨。如第三十二回上说：

> 武行者心中要吃，哪里听他分说，一片声喝道："放屁！放屁！"

这几句话，那位得到诺贝尔文学奖金而驰名世界的女作家，竟把它译为：

> Now Wu the priest longed much in his heart to eat, and so how could he be willing to listen to this explanation? He bellowed forth, "Pass your wind——Pass your wind!"

原文中说的"放屁"，只是"胡说"的意思，而英文竟按字面死译，而且用上命令语气，不看原文，也知道是译错了。因为放屁是自然的现象，不能由人操纵的。一个人自己尚且不能指挥自己放屁，怎可接受别人的命令来放屁呢？这使我想起美国现代名作家萨林杰（J. D. Salinger），在他的名作《麦田捕手》（*The Catcher in the Rye*）中所描写的放屁的故事。他说宾夕预备学校的一个校友，因经营殡仪馆，以不正当的手段赚了钱，捐献给母校一座侧楼，在校庆纪念那天，他莅临演说。书中描写他演说时的情形是这样的：

　　他演说中的高潮发生在他讲到正当中的时候。他正在讲给我们听,他是怎样一个漂亮的人物,怎样地吃得开,讲得眉飞色舞,得意扬扬,于是突然一下,坐在我前排那个名叫艾德加·马沙拉(Edgar Marsalla)的家伙,放了一个奇臭无比的屁。在礼堂大庭广众之中大放其屁,确是一件尴尬不堪的事,不过也很有趣。老马那个家伙,可真厉害,一屁放出,几乎把屋顶都轰掉了。没有一个人敢笑,欧森白那家伙装作没有听见的样子,但是就在讲坛上欧森白旁边的塞默校长,大家都知道他确是听到了的。

　　你说他没有生气吗?他当时虽则一句话也没有说,可是到了第二天晚上,他把我们全部赶进教室强迫用功,后来他跑过来,对我们大训其话。他说昨天在礼堂惹起骚动的学生,没有进宾夕预校读书的资格。我们很想要老马在校长训话的时候,再放那么一个响屁,可惜他那时没有那种雅兴。

可见以马沙拉那样调皮捣蛋的家伙,尚且不能自由意志地放出一个臭屁来,把校长轰走。谁又能接受命令来放屁呢?

同是赛珍珠翻译的《水浒》中,还有这样岂有此理的例子。

　　阮小七便在船内取将一桶小鱼上来,约有五七斤。(第十回)

Juan the seventh then went to his boat and brought up a bucket of small fish and they were five to seven catties each in weight.

一条五斤到七斤重的鱼,还能称为小鱼吗? 一个木桶能装得下那么多五斤到七斤重的鱼吗? 这一看就知道原是说的一桶小鱼共重五斤到七斤(a bucket of small fish weighing five to seven catties),而不是说每条重达五斤到七斤呢。

又《水浒》第七回上说:

> 土炕上却有两个椰瓢,取一个下来倾那瓮酒来吃了一会,剩了一半。

赛珍珠将它译成:

> On the brick bed were two cocoanut shells. He took one and dipped up the wine with it and drank half of it.

这句简单的译文,却有两点译得岂有此理的。第一,译者忽视了"瓮"的形式。这就是俗称的坛子,是小口,大肚的瓦器。瓮里装的酒,只能倒出来,倒在椰瓢里来吃,不能把偌大的椰瓢,从瓮的小口里放下到瓮里去舀酒。译文中的"dip up",就是放下去舀取的意思,如 Dip up a bucketful of water from the well.(从井里满满地舀一桶水上来。)大瓢不能进入小口,这是第一点不合理的地方。其次,原文说的吃了一半,是说把酒吃了一半,不是把瓢吃了一半,译文在一句中用了两个"it",自然是指同一物呢。吃酒连盛酒的工具也吃掉一半,世间有这样的怪事吗? 真太岂有此理了。

由于上面这个一半的译错,使我想起另外一句有关一半的译文。那就是梁实秋译莎士比亚的十四行诗第三十九首的首二行。译文是这样的:

> 啊,你是我的较佳一半的全部,

我怎能适当的赞美你呢？

读者不看原文，也会感觉到译文有点问题。我们的逻辑中，只有"全部的一半"，没有"一半的全部"，全中有半，半中不能有全，这是一定的道理。大致译者译此诗时，一心只想到俗语中的 better half（指妻，better 为精神上的"较大"，不是"较佳"），而未细看原文：

O, how they worth with manners may I sing,

When thou art all the better part of me?

应译"当你确是我比较大的部分的时候"，all 不是"全部"，它只含有 quite 或 so much 等表程度的意思。如视同 all at once（忽然）或 all of a sudden（突然）中的 all，则根本可以不译。

四 严复说的信达雅

曾任北京大学校长的严复,虽则是学海军的,然擅长中英文字,译介了不少的西哲学说,在中国清末民初的思想学术界,产生了极大的影响。自唐玄奘以来,在中国的翻译界,还没有一个人赶得上严复的。他在汉译的《天演论》的例言上说:

"译事三难:信、达、雅。求其信,已大难矣。"他接下去又详细解释说,翻译时对原文要忠实,对译文要通顺,还要文雅。有时为求译文通顺,不免要颠倒原文字句,甚至在原文之外,还要斟酌补足。这种补足,只是发挥原意,绝非节外生枝。有些原文的含义很是艰深,难得理解,他便要在这些句的前后,酌加"引衬",以便使得原文的意思可以明显。他不说"解释",也不说"说明",而说"引衬",是很有道理的。"引"是"引申","衬"是"帮衬",即帮助的意思,所以"引衬",是说多加几个字进去,以助了解。他说"信而不达,虽译犹不译也"。可见单是忠实于原文,而译文不能表达,便失去了译介的作用。令人看不懂的文字,无论内容怎样好,也是无用的。他为求译文通顺,采用了四种办法:(一)颠倒原文字句。(二)有时补足一点。(三)遇到原文长句,采用意译。(四)原文含义深奥的地方,便酌加引衬。单是译文通顺,他还不满意,必须做到文字优美才罢手。这儿说的优美,不但是字面上的美,而且要有声调之美。这便是严复翻译理论的要点。自从清朝末期以至今日，这就成了中国人翻译西籍的准绳。译者一心只希望能做到信达雅的地步，除此以外，再没有别的奢望了。

其实，单只一个信字也就够了，如果我们能从狭义和广义双方来看这信字的解释的话。

在民国二十年代，上海有一部分文人，如赵景深等主张翻译以通顺为第一，即把"达"放在"信"的前面，理由是"辞达而已矣"，看不懂的文字等于废物，一点用途也没有的。

后来朱光潜就说，还是"信"为首要，归根到底，只有信字最难。如果把原文的意思译错，即令译得通顺，又有什么用；即令译得文雅，又有什么用？这是有违背狭义的"信"的，是叛徒的行为，任何人都知道是不对的。

现在我们再来看看广义的"信"，又是怎样的。原文是既达而雅的，我们把它译成不达不雅，这也就不能算是信。原文的意思，一点没有漏掉，全都译出来了，但译文生硬，读起来很费解，如果是懂得原文的人，去读原文比读译文，容易了解多了。你不能照原文一样，译得既达又雅，当然是不信。反过来，如果原文是不达不雅的，如小说中故意描写无教育者的说话，你把它译得既达又雅，如以前林琴南的译文，这也不能说是信，即令意思没有译错，因为把一个流氓译成一位绅士，等于换了一个人，如何能说是忠实的翻译呢？

英国十八世纪有位剧作家 R. B. Sheridan，在一七七五年发表了一出名叫《情敌》（*The Rivals*）的戏。戏中的女主角 Mrs. Malaprop，谈锋很健，喜欢用一些深奥的字眼，来夸示她的学问。不幸的是她每说必错，反而暴露了她的无知。例如她高谈女子教育时说：

As she grew up, I would have her instructed in Geometry, that she might know something of the contagious countries.

如果照字面译为："等她大了,我要她学些几何学,使她知道一些传染的国家",便要使人读了莫名其妙,虽然译得很信,也等于不信了。原来那位好夸耀的太太,想说的是geography(地理学),却弄错而说成geometry(几何学),又把contiguous(邻近的)缠错而说成contagious(传染的)了。我们只能学韩复渠的办法——他曾把感想说成感冒,闹过笑话——把geometry译成"地质学",把contagious译成"怜惜的",从不信中求信。

所谓信是对原文忠实,恰如其分地把原文的意思,用适当的中文表达出来,即令字面不同,只要含义不错,也就算是信了。

林语堂也反对"字译",他说"忠实非字字对译之谓"。我们翻译的单位,至少应该是句,而不是字。要能把一段为一个单位,自然更好了。原作者的思想感情和他的语文风格,我们必须把它融会贯通,合成一体,使意义和声调配合无间,译文才能完全表达原文,所以说对原文忠实,不只是对表面的字义忠实,必须对原文的思想、感情、风格、声调、节奏等等,都要忠实才行。

相传欧阳修为韩琦作《相州昼锦堂记》,开头两句原作"仕宦至将相,富贵归故乡",文稿送出之后,觉得不好,又赶快叫人去将文稿追回,加上两个"而"字,成为"仕宦而至将相,富贵而归故乡",才认为满意了。但在初学者看来,这个"而"字加与不加,实在没有什么关系,因为意思既没有改变,文法也是一样完整,大文豪欧阳修为什么一定要改呢?这主要是音调上的关系。"仕宦至将相"一连五个字全是仄声,念起来就不好听,在句中加一个平声的"而"字进去,声调就大不相同了。原句气局促,改后能觉舒畅;原句意直率,改后便有了抑扬顿挫,音调上多了一个转折,意思也加深了一重。严格地说,译文如失去原文所有的那种声调之美,也不算是完全忠实。

中西文在语句的组织上,悬殊很大,逐字逐句的翻译,不但不能信,而且也不能达。从文法上来看,英文每多复句,穿插环锁,句中有句,修饰重重。一个长句当中,包含许多短句或称子句,一意未完,又插入另外一意,一种修饰之上,再加另外一种修饰。原文虽繁复屈曲,但它的语句组织,在文法上必然是有线索可寻的。

中文的文法弹性较大,用字颠倒排列,意思不变,一般少用虚字,没有英文的关系代名词之类,所以很少有复句和插句,一义自成一句。行文用字可说是简练直截,运用灵活。可是用简译繁,有时不免张冠李戴,把修饰甲的字句,译成修饰乙的去了。如果照原文的顺序译出,信固信矣,但决不能达,所以结果也等于不信。现举英国神学家 J. H. Newman 著的《大学教育的范围与性质》中的一句话为例。

> We sometimes fall in with persons who have seen much of the world, and of the men who, in their day, have played a conspicuous part in it, but who generalize nothing, and have no observation, in the true sense of the word.

我把这句话拿给一班共二十八个学生去翻译,其中有的已在英校学过十四五年的英文,有的已是大学毕业,理解力都是很强的。翻译的结果,以下面一句译文最好:"有时候我们遇到一些世故很深,而在年轻时曾经显赫一时的人,但说实在的,这些人并没有什么心得与观察。"

我对这句译文的评语,是"达则达矣,信则未也"。因为原文中用了三个 who,是比较复杂的句子,正所谓句中有句,译者粗心一下,就出了纰漏。现在让我来分析给大家听,然后再来翻译就不会有错了。

句中第一个 who 和第三个 who,都是以 persons 为先行词的。至于第二个 who,便是以 men 为先行词,而 of the men,前面应加上 have seen much 三字来解释。我们所遇见的有两种人,一种是熟悉世故的人,另一种是见过大人物的人。上引的译文,却把两种人弄成一种人了,即"世故很深,而曾经显赫一时的人"。

除了文法组织之外,还要把单字和成语的意思,正确地掌握在笔下,才能译出信实的文章来。在上面那句引用文中,值得注意的单字有 generalize(归纳;做出结论)和 observation(观察力)。成语方面则有 fall in with(邂逅;不期而遇),see the world(熟悉世故;深于阅历),in one's day(在其全盛时代),play a part in(与之有关),in the true sense of the word(那字的真义)。对文法组织和字句的含义,有了如上的了解之后,就可译成下面的文字了。

> 我们有时邂逅一些熟悉世故的人,和一些曾经见过许多在其全盛时代,叱咤风云,世界安危所系的有名人物的人,但是他们却不能归纳出一点什么来,也毫无真正的观察力。

五　佛经的翻译方式

　　叶恭绰著《遐庵谈艺录》中,有一篇题为《由旧日译述佛经的情况想到今天的翻译工作》的文章。内容主张我们必须仿效前人译经的方式来从事翻译,才可免除近代译书的粗制滥造的流弊。他虽不同意墨守成规,完全依照"译场"的办法进行,然他对于那种方式确是很赞成的。他的这种见解我们都具有同感,因为谁都知道翻译必须认真彻底,才能搞好,而翻译佛经的方式是最认真,而又最彻底的。现在就让我们来看看,古代"译场"的情形,到底是怎样的。

　　中国进行有系统的翻译工作,始于东汉明帝永平十年(公元六十七年),直到北宋为止,前后达九百年之久,其间完全采用一种叫做"译场"的方式,即许多人通力合作,在严格的分工制度下从事翻译工作。我们普通人说到翻译,都是指的一个人执笔的翻译,而不是指许多人一块儿来译一部书。清朝末年的"译学馆",乃至民国以后的"国立编译馆"都未曾作此尝试,虽个人的译作,也都没有什么成绩表现。

　　据曹仕邦的考证,中国在隋朝以前的译经方式,有点像现今的演讲讨论会,组织比较松懈,结果费时失事,事倍功半。因为隋朝以前是由主译公开在大众前一面翻译一面讲解,在场的任何人都可以跟主译辩论。那时主译的声望愈高,听者愈众,如鸠摩罗什在关中作主译时,便有徒众三千,他们当中有不少是从分裂的中国各地来的,因什公名气大,三藏兼明,所以热心闻法的人,纷纷越境而凑幅长安。这数以千百计的听众,对译经的帮助,并不太大,至多只能收集思广益的效用,使真理愈辩愈明而已。

译场上讲经是对不懂梵文或西域文的华人,来讲解原用梵文或西域文写的佛经,所以主译先诵读原文的经文,然后再随口译为汉语,如果主译不通汉语,就由"传语"负责口译,再由一弟子负责记录,称为"笔受",即是用笔来接受的意思。笔受的任务是主译随时口译多少,他就记录多少。有些佛经是梵僧来华后凭记忆背诵出来的,而不是他们携来的写在贝多罗叶上的原文,遇此情形,就得再增设一位专门负责记下梵文的笔受。

主译或传语将原文口译成汉语,再由笔受记录下来,只是完成了初步的工作,因为这儿口头译出的经文,还得由主译加以讲解,听众加以辩难,直到在场的人都彻底了解,毫无疑问时,才算定案。

现在新式的教学法,决不限于教师一人讲解,在一节课中常分为讲解、讨论、测验三个部分。现新加坡大学校外进修系的课程,每次也是规定一小时讲解,半小时讨论。佛教讲经,特别注重讨论,历来都要听众向法师质询和辩难,相传佛陀住世时讲《安般守意经》,弟子们无人能提出质问,佛陀只好自己化作两身,由一化身发问,另一化身作答,借着彼此的问答和辩论,引导弟子们进一步的了解经义。从这传说看来,可见讨论辩难是很早就实行有效的传统方式。后来在中国译经时,仍然要采用它,也是当然的。

译场上译经,除了传语和笔受的实际任务外,听众也各自作出笔记,作为讨论的张本。前人记载鸠摩罗什译《维摩经》的经过时,有两句名言说:"因纸墨以记其文外之言,借听众以集其成事之说。"前句指主译的解释经义,因为解经时所说的话,都非佛经本文,故称"文外之言";后句所言,如听众不做笔记,他又从何借他们"听"到的"成事之说",而将之集合整理起来呢?

集合听众的笔记,可助译文的写定。在翻译上听众常有一得之愚,足供大师采用,例如鸠摩罗什译《妙法莲华经》时,曾拿竺法护译的《正法华经》作参考,其中卷五《受决品》有一句话,法护译作"天上视世间,世间得见天上,天上世人往来交接",罗什认为虽能保存原意,而嫌不够典雅。于是僧睿提议改译为"人天交接,两得相见",什公很高兴地接受了。

当笔受处理译文时,自然要完全掌握主译对经义的解释,所以除他本人所记的以外,还要集合听众的笔记来作参考,以便从许多记录中归纳出真义来。这样译成之后,还须跟原文校勘,才能成为定译。校勘工作最初由通汉文的主译自任。或归传语负责,后来另设专人。译文的用字问题,在检校时可作最后决定。这种校勘工作,极为认真,常要花上好几年的时间,一校再校,慎重可想。

隋唐后译经的方式稍有改变。隋炀帝时设置翻译馆及翻经博士。当时的高僧彦琮,俗姓李氏,尤精于译事。译经一百余卷,合二十三部,晚年著《辩正论》以流传后世,作为翻译佛经的准则。他说佛哲传经,深浅随缘,译事不易;虽精心审度,仍难臻恰当,为求圆满至善,宜有八备。所谓八备,就是参预译场的人所应具备的八种条件。彦琮的翻译八备,原文如下:

　　诚心爱法,志愿益人,不惮久时,其备一也。

将践觉场,先牢戒足,不染讥恶,其备二也。

筌晓三藏,义贯两乘,不苦暗滞,其备三也。

旁涉坟史,工缀典词,不过鲁拙,其备四也。

襟抱平恕,器重虚融,不好专执,其备五也。

耽于道术,淡于名利,不欲高炫,其备六也。

要识梵言,乃闲正译,不坠彼学,其备七也。

薄阅苍雅,粗谙篆隶,不昧此文,其备八也。

其中第一个必备的条件是:应具备诚心、善心、恒心。自己对工作本身,诚心地爱好,而又立志要帮助不懂原文的人,以献身译经事业的精神,来从事翻译,所以不怕年长月久的工作。

第二个必备的条件是:从事翻译的人,要遵守一切戒规,并有良好的品德修养。

第三个必备的条件是:佛典分经、律、论三大类,合称三藏。两乘指大小乘,包含深玄义理,以慈悲博爱,拯救众生的是大乘,修行者见解狭小,倾于烦琐理论的是小乘。翻译的人应先通晓经论律规,译出经来,才能意义允当,通畅明达。

第四个必备的条件是:坟史指三坟、五典、三史等书。要博览中国的经史,对于用典遣词,才能适切地运用,不至拙于应付。

第五个必备的条件是:要有忠恕之心,虚怀若谷,才能集思广益,不至固执己见。

第六个必备的条件是:重道,淡泊,平实。要崇信道术,才能不求名利,一意弘扬佛法,决不好高立异。

第七个必备的条件是:要精通梵文,明悉译事,才不至有失经义。

第八个必备的条件是：苍雅指古时辞典的三苍、《尔雅》，篆隶指秦汉时代的文字，翻译者须有良好的国学根基，对古辞书与文字学均有相当研究，所译才能文从字顺。

以上八项原来虽是为翻译佛经而说的，但对于从事任何翻译工作的人，都是很实际的指导原则。

隋朝设置翻经馆时，曾"下敕搜举翘楚"，又"置十大德监掌翻译"，可见过去那种演讲讨论会式的译经方式，至此已趋于淘汰，转而向精选助手方面求发展了。唐初，西僧波颇译《宝星陀罗尼经》时，诏选助手十九人，分证义、译语、执笔三种职务，所谓证义是新方式中的一个特色，前所未有，其任务是"证已译之文所诠之义"及"与主译评量梵文"。前者指审查译文，后者指他们跟主译讨论原本义理。

波颇的助手慧颐，为文笔知名之士，玄奘助手负责证义的灵润，未进译场前已是一个精通义理，善于讲经的人了。他能"问难深微"，遇上已译经文"词理有碍，格言正之"，而为"众所详准"。玄奘另一位证义助手道因，也是了不起的人，因玄奘"每有难文"，不易译出的，必找道因"同加参酌"。从前老早就有了的"笔受"，后来更分出"缀文"和"润文"两方面，因为穷一人的精力综理全部译文，未免过劳，于是渐增笔受人数。唐贞观二十一年，玄奘译《瑜伽师地论》时，"承义笔受"的有八人，"受旨缀文"的又有八人，到了显庆元年，玄奘的译场中又增加"润文官"一个职位。这是唐高宗应玄奘的要求，下敕命于志宁、来济、许敬宗、薛元超、李义府、杜正伦六位文臣，给新译的佛经"时为看阅，有不稳便处，即随事润色"。负责缀文的道宣，撰有《续高僧传》《大唐内典录》《广弘明集》等书，他本身又是律宗的祖师。由此可见,译场的人数虽然减少,但参与的人各具专长,使译场成了专家的集会所了。

润文官大都是敕派,但也有自己请求的,如《大宝积经》进行翻译时,中书侍郎崔湜走到翻经院,见在场的人皆一时之选,不禁有"清流尽在此矣"之叹,于是上奏要求加入润色。崔湜自动参加译经,是因为他觉得译场中人不论僧俗,都是饱学之士,场中之集会与学术集会无异,他参加进来,在翻译工作之余,便有机会和他们切磋琢磨,以增进自己的学术修养。由这故事,便可见译场的学术空气是何等的浓厚。

现在我们再来看看译场助手的分工情形。东晋南北朝时是没有"证义"的,那时译场中负实际责任的是"传语"和"笔受",正所谓"义之得失由乎译人,辞之文质系乎执笔",即传语负责意义,笔受负责辞藻,故笔受之选以文学修养为首屈一指,懂不懂梵文倒无所谓。

北宋初年建筑的一所译经院,内分三堂:中堂为译经的所在,东序是为润文用的,西序是为证义用的。证义一门又分出许多新职,故有所谓"分职证义",及"证义正员"等名义。其实,早在玄奘的译场中,证义中已分出的部门,便有"字学"及"证梵语梵文"。"字学"又叫"正字",专审查译文用字的得失,属于中国音义训诂学的范畴。"证梵语梵文"又简称"证文",专审查梵文原本的字音字义,是属于印度声明学的范畴。上面提到的崔湜,就曾做润文官兼"正字",如《开元释教录》卷九《义净传》上便提到义净的助手中,有"兵部侍郎崔湜,给事卢粲等润文正字"。到这时"正字"已由润文官兼任,有时索性取消了,但专管原文方面的"证梵语梵文",却另行发展为好几种新职了。

第一种是"证译语",首见于武则天时菩提流志的译场中,由一位出生和落发都在中国的印度籍僧人慧智担任此职,专审听他们的汉语口译有无错传主译的话。后来唐中宗时华人义净的译场中也设置得有这一职位,仍由外国居士担任。

第二种叫"证梵义",武则天时义净译场中设置,职责为"明西义得失,贵令华语不失梵义"。

第三种叫"读梵本",是义净时置,他本人梵文虽好,但要读诵得声调正确,仍以印度人为佳。

第四种叫"证梵本",也是义净所设置的。这是为考证梵文原文的内容,注意梵文形式的表达,遇上原文有讲不清楚的地方,要能够加以解释,使原文意思能正确地表现出来,不致有误。

从这四种新职来看,翻译工作较玄奘时更有了进展,人们已体会到翻译以理解原文为第一要义,故不特把证义再细分为若干部门,且聘外国人为助,以收事半功倍之效。

到了唐德宗贞元年间,"证义"工作又有了新的进展,如不空译场中有"证义"十一人,另有"校勘"三人,"检校"一人。般若译场中的"检勘"和"详定",只是名义上的改变而已。北宋译场完全承袭唐代旧规,分工方面再没有什么新的发展了。

(本章取材《现代杂志》三卷二、三期曹仕邦著《关于佛教的译场》一文)

六　批评的和实用的

　　翻译既系从一种文字易为另外一种文字，从事这种工作的人，自然非通晓有关的两种文字不可。这两种文字，在一般的情形，不外是一为本国文，一为外国文。但两种全属外国文的场合，也并不是没有。例如，我的本国文是中文，在第二次世界大战时，就曾为重庆的一个美国战时机构，将中途拦截的日本电报译成英文，以供当局参考，协助争取最后胜利。但从外国文译成本国文，实为翻译的正宗。大家认为只要外国文好，就可从事翻译，因为本国文是没有问题的。这种看法并不一定正确，翻译的错误来自双方，如我在上文提到的，"乌鹊"一词，英国的汉学大师译错，中国的大学教授也同样译错。这有关对原文的了解问题，以后我们再详加研讨。现在且说从事翻译的人，必须通晓两种文字，不过通法有所不同。他对外国文的知识，必须是批评的（critical），而对本国文的知识，就必须是实用的（practical）。为什么对外国文的知识，要带批评性呢？为什么对本国文的知识，要能实际运用呢？下面我们不妨分别举例来说明一下。

　　我们暂定外国文为英文，本国文为中文。由英文译成中文的翻译过程，便是我们的主题。

　　先看怎样实际运用中文的知识，来把英文译成恰到好处的中文句子。

I think the moral of it all is summed up in the remark
which an intrepid lady, whose name has of late become a
household word, once made to me.

——A. G. Gardiner

句中的 a household word, 译成"一个家务的字", 是不合
实用的。因为这不但不是一句中国惯用句, 而且不像一句中
国话。具有相当的中国语文的知识, 又能实际运用的人, 必然
会把这个英文的表现法, 译成"一句家喻户晓的话语"。再看:

These statements may seem so commonplace that they
may be held to be hardly worth making.

——J. R. Peddie

如果译者不能运用"老生常谈"一句中国成语, 就不能
很完善而流利地把这句英文翻译出来。

Scientific exploration, the search for knowledge, has
given man the practical results of being able to shield him-
self the calamities of nature and the calamities imposed by
other men.

句尾的十一个字, 有实用中文能力的译者, 便会以"天
灾人祸"四个字来翻译, 既恰当而又洗练, 比原文精彩多了。

La Rochefoucauld said: "In the misfortunes of our
best friends, we find something that is not unpleasing."

上面这句英文, 用"幸灾乐祸"一个中国成语来译, 才是
最为实用而恰当的。

现在再看对英文的原文, 要怎样用批评的手法, 来决定

它的含义，然后才好着手翻译呢。例如：

It's not cricket.

这句英文的表现法，句中 cricket 一字我们原来只知道是"蟋蟀"，但蟋蟀在此是讲不通的。我们鉴定它在此决不能作蟋蟀解，因此引起我们的怀疑，不敢断然下笔。我们于是要去查辞典，便查出除蟋蟀一解外，还可作英国最普通的"棍球戏"解。我们晓得棍球是英国的国技，可以代表竞技精神的。所以英文说"这不是棍球"，等于说这不是竞技精神，也就是说，这是不公平的。（It's not fair.）竞技精神就在 fair play（公正，诚实）上，如果不是公正或诚实的，就变成不正直的了（not honest），甚至有 You're cheating me.（你欺骗我）的意思。你如果没有批评的能力，也许就译成"这不是蟋蟀"，使人读了莫名其妙。

This is a mere apology for soup.

上面这句英文，如译成"它不过是为羹汤道歉而已"的话，是不合理的，因为"这"不是指人，要人才可以道歉。我们既判断不能如此翻译，便知 apology 一字必另有含义。原来它除道歉而外，还有"代替"的意思。代用品总是勉强充数的，不会像本来的好，为权宜之计而敷衍一下，比方我们搬到新房子里去住，窗帷还没有来得及做好，临时用布遮住一下，就说 We devise apologies for window curtains（设法用他物代替窗帷）。上举羹汤的例，是说有名无实，意为"这个实在不成其为羹汤"。也许是没有正式烧汤，临时用几片白菜叶子煮一碗汤，放点味精充数。现在再看：

Use zip code numbers.

一句英文,句中的 zip 一字,我们只知道是从 zipper 或 zipfas-
tener 一个名词而变化来的动词,意为用拉链拉紧或拉开,如
zip your bag open (closed)。如果根据这个意思来翻译上举的
例句,便是"采用拉链的暗号电码",用批评的眼光来看,实不
够明白。这儿需要作进一步的查究。《综合英汉大辞典》上
载:zip,[名]弹丸飞过空中或打中他物之音,蚩蚩音。——,
[自动]作蚩蚩音,以蚩蚩音而动。《最新实用汉英辞典》则释
作:zip,—n.[俗](1)(弹丸飞过天空时之)飕飕声。(2)能
力,活力,力。to have lots of zip and go(精神很好)。—vi.
(1)作飕飕声;飕飕飞驶。(2)猛冲,突进。—vt.用拉链拉紧。
我们日常用的《韦氏新世界美语辞典》,也和上面举出的大致
相同。即 zip, n. [echoic],1. a short, sharp hissing or whizzing
sound, as of a passing bullet. 2. "Collog.",energy; vim. vi. 1. to
make, or move with, a zip. 2. "Collog.", to act or move with
speed or energy. vi. to fasten with a slide fastener. 以上中西辞
典上的解释,似乎对这句英文的译者都没有多大的帮助。他
非在辞典以外,另想办法不可。据说这句话是从美国街头那
灰色邮箱上抄来的,当然与邮务有关,现在全世界各文明国
家,为求邮送迅速计,都分邮区,如新加坡邮局,在信件上常盖
有 Do use Singapore district numbers 字样。美国当不例外,这
个 zip code 一定与邮区有关,果然在美国的书上,查出这是从
Zone improvement program(地区改进计划)的起首字母构成的
新字,与辞典上的 zip 一字完全无关。它最初写成 ZIP code,后
来索性全用小写而写成 zip code 了。这是美国划分邮区的办
法,一共用五个数字,前三字为州及城市,后二字才是邮区。他
们宣传说 Zip Code Belongs in Every Address.(每一地址都应加
上邮区号码)。Use zip code numbers.(请采用邮区号码)。

七　直译和意译举例

Grey are the clouds in the sky and faded are the leaves on the ground,

Bitter is the west wind as the wild geese fly from the north to the south.

How is it that in the morning the white-frosted trees are dyed as red as a wine flushed face?

It must have been caused by the tears of those who are about to depart.

这是熊式一翻译的《西厢记》中的名句。原文是"碧云天,黄叶地,西风紧,塞雁南飞,晓来谁染霜林醉,尽是离人泪"。我现在把它当作实例提出,以便进行讨论"直译和意译"的问题。我认为熊君把"西风"译做 west wind,似乎有点犯了直译的毛病,而使它和前面的形容词 bitter,在英国人观念中发生矛盾。熊君此书在伦敦出版,可说是专翻给英国人看的。他应该注意到英国人心目中的 west wind 是怎么一回事。我不能代表英国人来表示他们的意见,只好请英国的桂冠诗人 John Masefield(1878—1967)出面来说明:

It's a warm wind, the west wind, full of birds' cries;

I never hear the west wind but tears are in my eyes,

For it comes from the west lands, the old brown hills,

And April's in the west wind, and daffodils.

（那是一种温暖的风，西风吹时，万鸟争鸣；

一听西风起，我眼眶中热泪盈盈，

因为它是来自西土，那褐色的故山边，

春天就在西风中到来，还有水仙。）

我们读了桂冠诗人的这首《西风歌》，便不难理解英国的 west wind 简直等于我们的"东风"，也就是温暖的春风一样，所以 Milton 说它"有芳香的翅膀"（And west winds with musky wing）。《西厢记》上说的"西风紧"，正和英国的 east wind 相似，英国人惯常用 keen，biting，piercing 一类的字眼，来形容他们的 east wind，和我们说的"刺骨"差不多。英国小说家 Dickens 在他的名著《块肉余生述》中说：How many winter days have I seen him, standing blue-nosed in the snow and east wind! （在许多的冬日我都看见他，鼻子冻得发紫，站在飞雪和东风之中！）我们对于冰雪和东风是联不起来的，正如英国人对于 bitter 和 west wind 不能发生联想一样。所以我们最好是意译，如果一定要保留原文，照字面直译的话，则须加注。例如译 Dickens 的上引文句时，就得说明英国的 east wind 是从欧洲大陆北部吹来的寒冷的风，和我国的西北风相似。如果是大胆一点的译者，是可以把它意译为"朔风"的，说"站在冰雪和朔风之中"，是不会出纰漏的。至于上说的"西风紧"，如译者不敢意译为 Bitter is the east wind，至少也得在 west wind 下加注，说明这是说的大陆的西风，有如英国的 east wind，好像英诗人 Shelley 到欧洲大陆的翡冷翠时所遇到的西风一样。英国的 west wind 是与春俱来的，而大陆的西风，如 Shelley 说的是呼吸着"秋的生命"

(thou breath of Autumn's being)的。

　　以上是关于气候与土宜的直译，对另外一个国度的读者有不同的含义。现在我们再来看看普通文字的直译，给读者的印象又是怎样。英国作家 Maugham 在他的自传 *The Summing Up* 一书中说的 His language will be Greek to them. 一句话，如译为"他的语言对他们将是希腊话"，便是直译，中国读者是不能领悟的，甚至不能意会的。因为英文说的 be Greek to one = be beyond one's understanding 意为"不懂"，在字面上决看不出来有这种意思。所以这句话必须意译为"他所说的这一套，他们是不会懂得的"，才能被读者接受。

　　再看 Henry James 在 *The Real Thing* 一篇中说：I had as I often had in those days, for the wish was father to the thought, an immediate vision of sitters 如直译为"我有在那些日子里我常有的一样，因为愿望对于思想是父亲，一个立刻的坐者的幻象"，是没有一个读者能了解的，必须意译为"因为愿望是思想的根源，正如我在当时所常有的情形一样，现在一听说有客人来，心里马上就想到是找我画像的人来了"，才能表达原意。

　　中译英也是不宜直译的，如唐诗"早晚下三巴"句中的"早晚"二字，Fletcher 译为 early and late，而 Lowell 则译为 from early morning until late in the evening，都因直译而未能表达原意，这个"早晚"是指"有一天"（some day）说的。又如刘长卿的"柴门闻犬吠，风雪夜归人"一联，Fletcher 译为：

　　　　The house dog's sudden barking, which hears the wicket go,

　　　　Greets us at night returning through driving gale and snow.

译者照字面直译,故译成狗闻门响而吠,狗欢迎我们在风云中深夜归来。实际是说诗人闻柴门边狗叫,知道是夜里有人从风雪中归来了。

又 Lowell 与 Ayscough 合译的《松花笺》集中译李白"问余何事栖碧山"句作:

He asks why I perch in the green jade hills.

把"栖"字直译为 perch 是不适当的。

司空曙的"晓月过残垒,繁星宿故关",是指他所送北归的人,在晓月时走过残垒,在繁星下投宿故关,可是 Bynner 却直译为晓月落残垒,繁星照故关了。这是因为译者未能把诗句中的主语找出的缘故。

The moon goes down behind a ruined fort,
Leaving star-clusters above an old gate.

如果译者能完全了解原文,他就可以意译了,如白居易《后宫词》有"红颜未老恩先断,斜倚熏笼坐到明"句,Giles 译成:

Alas, although his love has gone, her beauty lingers yet;
Sadly she sits till early dawn but never can forget.

原为"红颜未老恩先断"现译为"君恩已去红颜在",先后颠倒过来,意思似乎更为深入,第二句中的"熏笼"虽被略去未译,但补充了"永难忘"的字眼,更是神完意足。又同为白作《琵琶行》中的句子:"暮去朝来颜色改",Bynner 意译为 And evenings went and evenings came, and her beauty faded. 正好像我们说"一天一天的老了"一样,此直译为"暮去朝来"或"朝去暮来",更容易为西方读者所了解。

Giles 译太白诗"白发三千丈,缘愁似个长"为:

> My whitening hair would make a long, long rope,
>
> Yet could not fathom all my depth of woe.

则比原来的意思更进一步了。再看韦应物的"浮云一别后,流水十年间",Bynner 译为:

> Since we left one another, floating apart like clouds,
>
> Ten years have run like water—till at last we join a-
>
> gain.

也很自然,因译者能将"浮云"和"流水"融化到译文中去,而避免直译的难懂和不通。

只要真能了解原意,又能用译语表达,是没有直译和意译之分的。

八 译文第一要通达

辜鸿铭以"汉滨读易者"的笔名,著有《张文襄幕府纪闻》一书,其中有这么一则故事:

> 昔年陈立秋侍郎兰彬,出使美国,有随员徐某,夙不解西文。一日,持西报展览,颇入神。使馆译员见之,讶然曰:"君何时谙识西文乎?"徐曰:"我固不谙。"译员曰:"君既不谙西文,阅此奚为?"徐答曰:"余以为阅西文固不解,阅诸君之翻译文亦不解。同一不解,固不如阅西文之为愈也。"至今传为笑柄。

由上面这个故事看来,可见翻译出来的文字,必须通顺达意,否则就会变成天书,是没有人能看得懂的。遇到徐先生那样不懂英文的人,也宁肯放下天书似的翻译文字,而入神地去看那蟹行的原文了。他的幽默感,给了从事翻译的人们当头一棒,使他们在执笔翻译之前,先得想想:他们是翻给谁看的? 当然是翻给他们的国人看的。如果国人看不懂,岂不等于劳力白费? 目的既未达到,可说是完全失败了。

十九世纪英国的诗人兼批评家阿诺德(Matthew Arnold),论翻译时说道:"如果可能的话,翻译应该做到使读者完全忘记他读的是一篇翻译文,而发生错觉地以为他读的是一篇原作。"

　　我们从他这种论调看来,便可相信他是怎样重视译文要通达的了。译文要译得像创作一样流利达意,当然是最高的理想,所以阿诺德也说"如果可能的话"。普通的情形是流利的就不一定达意,而达意的就不一定流利。有一个比喻说得好:"翻译文好比女人——漂亮的不忠实,忠实的不漂亮。"(Translations are like women—when they are faithful they are not beautiful, when they are beautiful they are not faithful.)这也就是说,翻译时流利和忠实是很难两全的。意大利人甚至于说翻译的人是叛徒(Traduttori-traditori = Translators are traitors),也是有道理的,因为译得像原作一样的通顺流利,就多半不大忠实,要忠实地表达原意,一字不苟地翻译时,就要变成天书,没有人能看得懂了。

　　为什么不可以一字不苟地直译呢? 因为两种语文决不会相同的。就以中英两种语文来说吧,中国文字是由象形演变而来的,英文是由字母组合而成的。英文的重点在音,中文的重点在形。这是根本上的差别。中英语文的结构不同,而逻辑的基础也因之而异。西洋人的逻辑,并不一定合乎我们东方人推理的标准。西方语文如英语的动词"be"具有"存在"的意思,因而构成西方逻辑上第一条定律的"同一律",舍此即不能作逻辑推理。中文没有相当于"be"的动词,白话文的"是",绝无存在的意思,文言文的"为",只是可作"成为"解,即英文的"become",也与存在无关。西方逻辑可称为"同一性逻辑",而中国逻辑则可称为"相关性逻辑",因中文只说到是非之间,有无之间,好坏之间,所以张东荪曾经证明辩证法是中国人思想方法中固有的东西。中文说的"世间有马",英文要说 There are horses in the world. 如将中文句照字面直译为 The world has horses. 或将英文句直译为"马在世间"，都是不通的。再看"桌上有一本书"，英文要说 There is a book on the table. 或 A book is on the table. 第二句是回答 What is on the table? 说的。这些句中的"be"，以及一般用此动词时，都只能译成中文的"有"，只有一个例外，那就是在指定的人或物时，才能译出这个英文动词的本义来，例如 Where is the book? ——The book is on the table.（那本书在哪里？——那本书在桌上。）Where are you? ——I am here.（你在哪里？——我在这里。）中文说的"有"，英文多半要用"在"来翻译，如"这学校有五百个学生"，便不能译为 This school has 500 pupils，必须译为 There are 500 pupils in this school. 英文说的 I am Chinese. 只可译为"我是中国人"。用动词"be"将"存在"的意思表现得最明显的，莫过于 A. G. Gardiner 的这个文句：

> We are really, when you come to think of it, a good deal alike——just apparitions that are and then are not, coming out of the night into the lighted carriage, fluttering about the lamp for a while and going out into the night again.（当你想到这一点上，我们真是很相像的——不过是一些出没无常的影像，从暗夜中跑出来，进到光明的车厢里去，围着灯火扑了一会翅膀，又再回到暗夜中去。）

句中的 that are and then are not，便是有时存在，有时又不存在的意思，所以我用一个中国成语"出没无常"来翻译它。

战国时代的公孙龙子曾利用这种有无的逻辑，对抗"存在"的逻辑，而诡辩"白马非马"。他说，如果说有白马就等于有马,那么,说有白马岂不就等于说有黄马,有黑马了吗?由此可知,有马并不等于是有白马,有白马既不可能成为有黄马或有黑马,即是不可能有别的马,也就是没有马了。显然"白马"与"马"有别,所以白马非马。这完全是从有无的观点出发的。西方人只想到有马,虽不一定是有白马,无论马是什么颜色,马的存在总是确实的。中国人则只想到有与无的问题。或是与非的问题,而不专注于客观的存在问题。因为东西方的基本想法不同,所以文学所表现出来的亦随之而异,翻译时怎样可以完全直译,而不求通顺呢?

我相信下面这样的一篇翻译文是任何中国人都看不懂的:

> 那几分钟在每天的行程中,一个人专注于一点世界的追求,也许不注意地花费在亲切的字眼中,或是细微的慈善中,对他周围的那些人,以及亲切对一个动物就是他们中间的一个,是也许在看见天国时,那唯一的时间他生活过了,对任何目的值得记录。

英文的原文如下:

> The few moments in the course of each day which a man absorbed in some worldly pursuit may carelessly expend in kind words or in trifling charities to those around him, and kindness to an animal is one of them, are perhaps, in the sight of Heaven, the only time he has lived to any purpose worthy of recording.

如果要通顺地表达原文的意思,就应译成:

哪怕是一个全神贯注于事业的人，都可能不经心地花几分钟去对他周围的人，说点亲切的话，或布施一些小惠，如仁慈地对待动物便是一例。每一天当中有这样的几分钟，在上帝看来，也许就是他生活上颇有收获的唯一值得记录的时间了。

再看 O. Henry 小说中说的 The broker's hour is not only crowded, but minutes and seconds are hanging to all the straps and packing both front and rear platforms. 如果译成中文的：

经纪人的时间不但是拥挤的，而且分分秒秒都挂在所有的皮带上，包装在前后的月台上。

这是不知所云的，翻译的人必须自己彻底了解原文，才能翻出通顺达意的译文来。上面这句话作者是用了修辞上的隐喻(Metaphor)，把经纪人的时间比作拥挤不堪的电车，所以才有 crowd, strap, platform 一类的名词出现。我们晓得在电车上找不到座位，拉着吊带站着的乘客，英文叫作 straphanger，懂得了这一个关键，自然就可以通顺地译出来了：

经纪人的时间不但是忙迫得像电车一样的拥挤，而且每分每秒车上所有的吊带都吊满了站立的乘客，在前后的站台上也挤得水泄不通。

九 首先要了解原文

(1) 理解字句的含义

一般讨论翻译问题的人，差不多都认定翻译者对原文是能够了解的，否则他就不会随便动笔翻译。照想固应如是，但事实并不尽然。我们对于一种文字的了解，真是谈何容易！此中情况，不足为外人道，只要是染指过的人，没有不对翻译具有痛苦的经验的。我们读书正如陶渊明所说，是不求其解的，读懂一个大意就过去了。但到了去翻译的时候，就非得彻底了解不可，一字一句，都不能马虎过去，遇到一个字的意思不能理会时，就翻不下去。诗尤其难译，所以有句笑话说：Poetry suffers in translation——and the reader suffers with it.（诗太难译，译出来多半不成样子，读它的人，也跟着感到难受。）我们现在还是不谈诗的好。现只就散文的翻译来讨论一下吧。

《史记·刺客列传》第二十六："豫让遁逃山中曰：'嗟乎！士为知己者死，女为说己者容。今智伯知我，我必为报仇而死，以报智伯，则吾魂魄不愧矣。'"文中说的"女为说己者容"一句，翻译时就大成问题。"容"是美容，即打扮。"说"今作悦，悦己者到底是什么意思呢？是使她喜欢的人呢（he who pleases her），还是喜欢她的人（he who is pleased in her）。翻译者非在这两种意义之间，加以抉择不可。他不能凭个人的判断来取舍，而擅自采用某种意思。他必须

有所根据,找出古代名家的说法,作为定论。因此,他查出
这是司马迁采自《战国策》的,其本人也在《报任少卿书》上
引用过了,但都并没有解释,直到吕向注《文选》时,才注释
说:"女为爱己貌者而饰其容",这样一来,意思就明白了。
于是这句话,便可译成 A woman will beautify herself for the
man who is pleased in her. 悦己者也就是爱她的人,英文可简
单地说 for her lover(为爱人)。

再看下面这个笑话:

> An Englishman who had just landed in China entered
> a restaurant to appease the pangs of hunger. Unfortunately
> he knew no Chinese and the waiter knew no English; so
> they were both thrown on mother wit. John Chinaman ar-
> ticulated "Bowwow", to which John Bull moved his head
> from right to left. Then the waiter said "Quack, quack!"
> to which the customer moved his head from sky to earth,
> and the inner man was soon satisfied.

在着手翻译之前,必须彻底了解每一字句的含义。

(1)who had just landed in China 句中的 landed 一个动
词,到底是乘船登岸呢,还是飞机着陆? 经查出如果是飞机
着陆的话,应该用他动词,即如 The airplane landed the pas-
sengers in the middle of a big field.(飞机将乘客降落在一大
场地的中央)。自动词的 The passengers landed(乘客均已登
岸)。The UN troops landed in Egypt.(联合国军队在埃及登
岸)。由此可以决定那英国人是乘船在中国上岸。

(2)to appease the pangs of hunger 句中的 pangs,是指一
阵突然的痛苦,如牙痛为 the pangs of a toothache,肚子饿得

发慌，便是 the pangs of hunger，画饼充饥就说 to appease one's hunger with depicted cake.

（3）they were both thrown on mother wit，所谓 mother wit 是指天生的机智，人的常识。to throw oneself on 意为听命于，听从。现改用 passive 的形式，如 to be thrown on one's resources（有赖自己的机智）。

（4）John Chinaman 中国人的诨名。

（5）Bowwow 为犬吠声。

（6）John Bull 英国人的诨名。

（7）Quack, quack! 为鸭叫声。

（8）the inner man 内在的人，意指胃袋（滑稽的说法）。

把这些字句完全理解之后，就可以动笔翻译了。

　　一个刚在中国登岸的英国人，因为肚皮饿得发慌，就走进了一家餐厅去用食物充饥。不凑巧的是他不懂华语，而那堂倌又不懂英语；所以他们只好都靠天生的机智来交谈。那中国佬说"汪汪"，约翰牛连忙摇头。于是那堂倌又说"呷，呷"，客人闻声一直点头，而他的内在的人随即就感到满足了。

在 Henry James 著的 *The Real Thing* 中有这样的一节：

　　It was a truth of which I had for some time been conscious that a figure with a good deal of frontage was, as one might say, almost never a public institution. A glance at the lady helped to remind me of this paradoxical law: she also looked too distinguished to be a "personality". Moreover one would scarcely come across two variations together.

有人这样翻译出来：

> 这是一个我早就意识到的真理：正如别人所说的，前面有许多空地的建筑物，几乎不可能是一个公共机关。对那女士一瞥，使我想起这样一个似是而非的谬论：她太杰出而不会具有"人格"。加之，一个人也不会同时遇到两种不同的变化的。

这位译者对原文的字句，可说完全没有理解，所以译文简直未能表达原意。现在我们先来研究一下原文吧。

（1）It 是代表下面的 that 子句的形式上的主语。

（2）for some time 不多时。

（3）of which I had been conscious = I had been conscious of which（truth）。

（4）a figure with a good deal of frontage 句中 frontage 原意为"前面"，"建筑物对街或临河的前面的空地"，但在此既系形容一个人物（figure），自然是指此人的仪表了，所以应译作"风度翩翩的人物"，"一表人才"，"仪表漂亮的人"。

（5）public institution 原意为"公共机关"，在此是说人，故应译作"世间知名之士"，或简称"名士"。institution 在口语中有 familiar object（闻名的事物，熟悉的人物）之意，例如 He was one of the institutions of the place.（他是当地的闻人之一）。

（6）this paradoxical law（这个逆说的定则），意指风度翩翩的人，反而不成其为名士的那种现象。

（7）too distinguished to be a "personality" 这是对上述逆说的举例。意为"那女人也就是因为太杰出而不能成为名人"。句中的 personality = personage（人物，名人，如 distin-guished personage（有名望的人物，名人），noted literary per-sonalities（有名的文人）。

（8）two variations 指对上述法则的例外人物。

据上文说来客有两位，那 lady 即令是一个例外的存在，那 gentleman 却不能也视为同样的情形，所以说，不至于有两个例外同时出现吧。

现在字句都弄明白了，就可以来翻译了。

> 从不久以前开始，我就留意到了一个事实，那就是一个风度翩翩的人物，我们不妨说，他差不多从来不会是一个社会上的名人。那个女客，一眼看去，就使我想起这种逆说的定则：她看去也是太杰出而不成其为一个名人呢。而且，我们极少会同时遇到两个例外的。

由上面这些例子看来，可见要彻底了解原文的字句，无论原文是用哪一种文字写的，都不是一件容易的事。

（2）字句以外的含义

英国小品文作家 A. G. Gardiner 写的一篇名作《旅伴》中，有这样的一句话：

> When the last of my fellow passengers had gone I put down my paper, stretched my arms and my legs, stood up and looked out of the window on the calm summer night through which I was journeying, noting the pale reminis-cence of day that still lingered in the northern sky; crossed the carriage and looked out of the other window; lit a ciga-

rette, sat down, and began to read again.（当我最后一个同车的人走了以后，我便把报纸放下，伸了一个懒腰，然后站起身来，望了一回窗外我正在走过的平静的夏夜，看到北方的天际上尚逗留着一抹白日的残晖。随即我又转过身来，向着这边的窗外望了一会，再点燃一支香烟，重新坐下来，又开始来看报。）

白日的残晖，为什么会出现在北方的天际上？难道英国的太阳不是从西方落下去的吗？这确不是从字面上所能了解的含义。我们非借助于风土人情，因时地而有差异的天文地理知识不可。英国位于北方，夏夜过了十时尚有阳光，日暮时北天反照，有时在夜半还可见到北极光。所以上文中说的，坐在当天最后一班火车上，当然是夜半时分，所见到的天上的光辉，确只能在北方才有，西方的落日这时早已消逝得无影无踪，只剩下一片黑暗了。

中国人心目中的"东风"是温暖的，能使草木萌芽，万汇生长，仿佛和春风相似。唐德宗的诗中有"东风变梅柳，万汇生春光"的句子，明朝的蓝茂也说，"东风破早梅，向暖一枝开，冰雪无人见，春从天上来"。可见东风和春天，是有连带关系的。但英国的 east wind，是从欧洲大陆北部吹来的寒冷的风，和我国的西风，乃至北风相似。我们如果没有这种知识，翻译英国人对东风的描写所用的形容词，如 a keen east wind（James Joyce），biting east wind（Samuel Butler），a piercing east wind（Kirkup），都是寒冷刺骨的，一定会感到不合理呢。再看大文豪 Charles Dickens 的句子：

How many winter days have I seen him, standing blue-nosed in the snow and east wind!（在许多的冬日我

都看见他,鼻子冻得发紫,站在飞雪和东风之中!)

还有《福尔摩斯侦探案》的作者 Conan Doyle 说的:

> It whistled just over my cap like an east wind. (那就
> 在我的帽子上头像东风一样地呼啸而过。)

这都可以看出英国的东风是多么像中国的西风呀。所
以我主张应译为西风或朔风,才能达意。反过来,英国的
west wind,却正像我们的东风,如英国桂冠诗人 John Mase-
field 为怀念他的故乡而作的《西风歌》:

> It's a warm wind, the west wind, full of birds cries;
> I never hear the west wind but tears are in my eyes,
> For it comes from the west lands, the old brown hills,
> And April's in the west wind, and daffodils.
> (那是一种温暖的风,西风吹时,万鸟争鸣;
> 一听西风起,我眼眶中热泪盈盈,
> 因为它是来自西土,那褐色的故山边,
> 春天就在西风中到来,还有水仙。)

诗更是不能从字面上来求解的,如杜甫作的《春望》诗
中的一联"感时花溅泪,恨别鸟惊心",就被外国的汉学家照
字面误译了。

W. J. B. Fletcher 的译文作:

> In grief for the times, a tear the flower stains.
> In woe for such parting, the bird fly from thence.

第一句中的 a tear stains the flower 是以"泪"为主语的,
第二句中说的 the birds fly 也是以"鸟"为主语的。至于最近

问世的 David Hawkes 的译文,也是半斤八两,无分轩轾:

> The flowers shed tears of grief for the troubled times,
> And the birds seem startled, as if with the anguish of
> separation.

他们找不出字句以外的含义,所以译来非错不可。其实这两句诗的原意是:"想起时事,连见了好花也叫人掉泪;和家里的人隔离很久,听到鸟声,也叫人心神不安。"这里说的"见了"和"听到",当然前面省去了主语的"我",即诗人自己。花鸟在平时可以娱目赏心,但在离乱伤春的时候,不免见花开而洒泪,闻鸟鸣而惊心了。

一九六八年剑桥考试的中文试题,是英译吴敬梓《儒林外史》第十五回中的一段话,最后一句说:"这便是曾子的养志。"一般应考的人,都把"养志"照字面的意思,翻译为 cultivate one's ambitions 或 cherish one's ideals,而没有注意到曾子的养志是另有含义的。作者故意加上"曾子的"一个限定词,就是要读者知道与普通的养志有所分别。普通说的养志,意为"高尚其志",如《后汉书·王丹传》上说的,"隐居养志",及《梁竦传》上说的,"闲居可以养志"都是。但曾子说的养志,意指"奉养之道,能承顺父母之意志也"。(《辞海》1491 页)应该译为 carry out the desires of one's parents 才接近原意。由此更可知道,我们不能照字面翻译,必须找出字面以外的含义来。

有些英文句子,即令你对文字的含义,已经彻底了解,仍然不能决定它的意思的时候也是有的。这是因为英文原是一种含糊的语文(ambiguous language),我们要真正了解其含义,单靠语文知识是不够的,必须加以理智的判断,才能获得结论。这种句子的含义虽然不在字句以外,但需要译者运用理智,加以抉择,如果轻率地就字面的某一种含义译出,可能会完全译错的。例如:

They were entertaining women.

一句英文,如果把 were entertaining 看成一个进行式动词的话,意为"他们在款待女客";如果把句中的 entertaining women 看成一个有修饰语的名词的话,意为"她们是女招待"。

His object is not to eat.

把上句中的否定字 not 看做是修饰动词 is 时,意为"他的目的不在吃饭",意即"志不在温饱";如果把否定字 not 看做是修饰后面的不定词时,意为"他的目的在不吃饭",意即"绝食"。

The man turned out an impostor.

把 turn out 看作他动词时,意为"他赶走了一个骗子";如把 turn out 看作自动词时,意为"他毕竟是一个骗子"。

He lives very near.

(a)他就住在附近。

(b)他生活贫苦。

I found him out.

(a)我找出他来了。

(b)我发现他不在家。

再看下面这句话:

Look out! There's a train coming.

如果不了解 look out 在此作"当心"解的话,而照字面解为

"看外面"时,就可能把头伸出火车窗外,而遭遇到危险了。

(3) 找出典故的来历

英文中常用的一些典故,我们单就字面来看是不大容易了解的,但英美人却家喻户晓,成为日常语言的一部分,只要用一、二字提到那个典故,就没有不完全会意的。那些典故第一是出自《圣经》,其次就是由莎士比亚的剧本而来的。现在我们来看看下面这个小故事吧。

> A college professor was one day nearing the close of a history lecture and was indulging in one of those rhetorical climaxes in which he delighted when the hour struck. The students immediately began to slam down the movable arms of their lecture chairs and to prepare to leave.
>
> The professor, annoyed at the interruption of his flow of eloquence, held up his hand:
>
> "Wait just one minute, gentlemen. I have a few more pearls to cast."

一位大学教授有天在讲授历史课接近尾声中,正耽溺于他所得意的修辞学上的渐进法时,下课铃响了。学生们随即就开始把他们坐的椅子上活动的扶手,砰然地收下去,预备离开了。

那位教授口若悬河正讲得起劲,突然受到学生的干扰,满怀不悦,于是举起手来说道:

稍等一下,诸位。我还有几粒珍珠要投掷呀。

最后说的"我还有几粒珍珠要投掷",到底是什么意思呢？是不是要向学生进几句珠玉之言,使他们有所获益呢？不知道这典故的人,是不会了解的。这典故出自《圣经》。《马太福音》第七章第六节:

> 不要把圣物给狗,也不要把你们的珍珠丢在猪前,恐怕它践踏了珍珠,转过来咬你们。(Give not that which is holy unto the dogs, neither cast ye your pearls before swine, lest they trample them under their feet, and turn again and rend you.)

古语说的 swine 即今的 pig,说猪中外一律,都是指的蠢物。现把人间最贵重的珍珠丢在猪前,愚蠢的猪,不但不知珍爱,反而要去践踏它,岂不可惜。你以贵重的珍珠投猪,它不但不知感激,反而要来咬你,等于以怨报德,是不是值得这样做呢? 中国的成语说的"对牛弹琴",意思就轻得多了,因为牛虽不能欣赏美丽的乐曲,但它并不会对弹琴的人进攻呢。那位教授因恼怒学生的不堪受教,他的珠玉似的教材讲给他们听,就好像丢在猪前一样。

又 V. Grove 著的 *The Language Bar* 一书中说:

> There are others, and they are numberless as the sands, who are mortally afraid to call a spade a spade, because that would be the natural word, and to be natural, in their eyes, would be common, and by this declension they would fall into the pit of vulgarity.

> (另外有许多的人,多得像恒河沙数,他们怕死了把铲子叫做铲子,因为那是很自然的字眼,而在他们的心目中,纯出自然而无一点矫揉造作的,便是太平凡了,由于这种堕落,他们便要掉进庸俗的深渊去。)

句中所谓 call a spade a spade（把铲子叫做铲子），到底是什么意思呢？我们要想了解，必须知道这说法的来历。原来这个 spade 不是说铲土的铲子，而是指桥牌中的有铲形花样的牌，即俗称黑桃的。打牌时最怕别人知道自己手中的牌，所以常要说谎，不肯具实告人，把自己手中的黑桃老实说出黑桃来；所以这句话的意思，便成为"直言无隐"了。

知道这个原有的含义之后，用时稍作字面上的改变，也是万变不离其宗，反而增加活用的效果。例如：

Even the most violently patriotic and militaristic are reluctant to call a spade by its own name.

——A. Huxley

（甚至最猛烈的爱国主义者和军国主义者，都不愿意直言无讳。）

He had always been responsive to what they had begun to call "Nature", genuinely, almost religiously responsive, though he had never lost his habit of calling a sunset a sunset and a view a view, however, deeply they might move him.

——J. Galsworthy

（他素来是对于他们开始叫做"自然"的东西，很容易受到感动，真正地，几乎是宗教性的感动，虽则他一道保留着那种习惯，把落日叫做落日，景色叫做景色，无论那些自然景物对他感动怎样的深。）

所谓 call a spade by its own name 就等于说 call a spade a spade 一样，直说本名，毫无矫饰。至于 call a sunset a sunset and a view a view，只是换上一个自然界的名字，照说出来，并无虚伪的称呼，用法相同，意思也一样。

> Words are all of one family. It is their functions that differentiate them. They have two functions, and the combination of these functions is infinite. If there is on earth a house with many mansions, it is the house of words.
>
> ——E. M. Forster

上文中说的 a house with many mansions，若译成"一幢有许多大厦的屋子"是决讲不通的，但这个 mansion 的字，字典上的解释只有"大厦"，"邸"的意思，在此全不适用，我们必须采用拉丁文的原意，即 dwelling place（住处）。于是 a house with many mansions（内有许多住处的一幢屋子），就讲得通了，不过如果我们不知道这典故的来历，还是不敢放胆翻译而自由使用的。这典故出自《圣经·约翰福音》第十四章第二节：In my Father's house are many mansions（在我父的家里，有许多住处）。这有广庇世人之意，但为文人引用时，便成了广大的地方，可以包罗一切。请看：

> In Apollo's house there are many mansions; there is even one (unexpectedly enough) for the Philistine. So complex and various are the elements of literature that no writer can be damned on a mere enumeration of faults.
>
> ——L. Strachey

（在太阳神的家里，有的是住处：足够使人感到意外地，居然连俗物都为他准备了一间。文学的因素是那般的复杂多端，所以没有一个作家，只因犯有错误，而可受处罚的。）

这里说的"太阳神的家里",意为"天地间"或"世界上"。

> My desk was of the first magnitude. It had an inconceivable wealth of drawers and pigeon-holes. It was a desk of many mansions. And I labelled them all, and gave them all separate jobs to perform.
>
> ——A. G. Gardiner

（我的书桌是最为宏大的。它具有想象不到的丰富的抽屉和格架。这真是一张有广大容量的桌子。我把它们全贴上标签,使之各有所司。）

关于上举 E. M. Forster 的文章,译出如下:

> 言辞都是一样的。由其作用不同而发生区别。它们有两种作用,把这两种混合起来就无限量了。如果在世界上有一幢包含许多住处的屋子,那就是言辞的屋子。

(4) 分辨英美的作者

爱尔兰剧作家 St. John Greer Ervine,在第一次世界大战后渡美,成为百老汇的批评家。当他初到新大陆时,还没有注意到美国话和英国话的不同,所以有一次他到一个美国家庭做客,看到那位主妇非常朴实,一点也不矫揉造作,使客人不受拘束,大有宾至如归之感,所以他就赞美她说:You are very homely. 不料这句话使他大为失言,弄得局面尴尬不堪;他原是想要恭维那女主人的,结果变成侮辱了。怎么会这样的呢? 原来英国话的 homely,意为"家常的""朴素的";

而美国话的 homely，则有"不漂亮的"，"丑陋的"的意思。试想一个客人当面对女主人说，"你长得很不漂亮"，将使她怎样受得了？若不是有神经病，谁个男性客人会对女主人说出这样的话来呢？

英国的贵族 Foster 在美国旅行时，正当美国的社交季节。他有一次被招待出席晚会，会上遇见了一位活泼可爱的小姐，他忍不住要献点殷勤，说点称赞的话。于是他用英国很漂亮的话对她说：You are looking very fresh！意为"你看起来真是朝气蓬勃！"可是马屁拍在马腿上，那位小姐一听之下，大为生气，竟至拂袖而去，不再理会这位贵族了。原来 fresh 一字，到了美国之后，受到德国移民所说的德国话 frech（厚颜的，鲁莽的，无理的）的影响（因二字形似）而产生出英文原来所没有的新义。据 *Dictionary of Contemporary American Usage* 上说，fresh 具有鲁莽无理的意思，完全是美国的俚语，一时用得极为普遍，但现已略为过时，不大有人说了。查其原因不外是此字用得最盛的时候，竟趋于下流而具有狎昵的味道，例如女的说 Don't get fresh with me or I'll slap your face.（不要对我这样毛手毛脚，再来我就要打你的耳光）。所以对一个少女用了这样下流的字，而又含有厚颜的意思，她怎样能不生气呢？

法国的名优和美国的女优合演的《煤气灯》（*Gaslight*）一部片子，是很多中年的人都看过的。其中说到他们两人在巴黎时，约定翌日某个时候在某条街上的 picture show 相会，不料双方准时而去，却没有见到，因为男的去到画展（picture show）相待，女的则往电影院（picture show），所以碰不到头。这也是英国话和美国话在作怪呢。

现在来看下面这一则新闻记事：

Breaking in the door of a room on the second floor of a tenement house at 301 East Twenty Sixth Street last night, police found the bodies of a man and a woman, partly robed, both having died from inhaling gas generated by a gas heater in the room.

The man was identified as K. Markarian, a rug dealer about 28 years old. The woman was unidentified, but a card in her pocketbook carried the inscription Miss Smith, Welfare Island.

这是美国 *New York Times* 的新闻报道,纯粹美国人写的美国英文,所以 second floor 一语,便可大胆地译为"二楼",如果是英国报上登的,就应该译作"三楼"才对,因为英国人把楼下叫做 ground floor,而美国人就叫 first floor,由此类推,美国人说的二楼,就是英国人的三楼了。tenement house 意为租金低廉供贫民居住的下级组屋,apartment house 为高级的组屋,英国说 block of flats. 第二段中说的 pocketbook 在英国为"小笔记本",而在美国就是指的"女用钱袋","女用手提包"。全文应译为:

在东区二十六街三百零一号组屋二楼,昨夜警察破门而入,发现一男一女的两具尸首,一部分穿有衣服,两人都是吸入了房中暖气炉漏出来的煤气窒息而死。那男人的身份已查明是马卡良,一个二十八岁的地毯商人。女的则身世不明,但在她的手提包里,找出一张卡片,上面印有福利岛史密斯女士的字样。

如果译者没有注意,当作普通英文来翻译,至少 pocketbook 就会误译为"笔记簿"的。

再看下面这段艰深的文字：

The spirit of fair play, which in the public schools, at any rate, is absorbed as the most inviolable of traditions, has stood our race in good stead in the professions, and especially in the administration of dependencies, where the obvious desire of the officials to deal justly and see fair play in disputes between natives and Europeans has partly compensated for a want of sympathetic understanding, which has kept the English strangers in lands of alien culture.

（这种公正的精神，至少在私立公校中是当作最为神圣不可侵犯的传统而加以全神贯注的。这种精神在人们的供职上，尤其是在属地统治上，对于英国民族是很有用的。当统治属地时，英国的官员抱着一种显然的愿望想要公正地处理土人与欧人间的争执，而冀得到公平的解决，使英国人处在海外的异族文化中，因缺乏同情的谅解而格格不入的情形，多少获得了一点补偿。）

现在我并不打算来讨论上文整篇的翻译问题，而只想把文中 public schools 一个名称提出来，以研究英美含义的不同。这是英国人写的文章，我们如果照美国话的意思，译为"公立学校"，就大错特错了。根据 *Webster's New World Dictionary of the American Language* 的解释，在美国是指由公家的税收而兴办的中、小学校，通常是不收费的。在英国则指几所私立的中学程度的贵族学校，靠捐献与学费维持，由校董会管理，学生的年龄通常在十三岁至十八岁之间，如 Eton, Rugby, Harrow, Winchester 等皆是。

英国作家 Collin Howard 作的 *Post Haste* 一个短篇小说中，有这样的一节：

> Experiment revealed that the stock of ha'penny stamps was also exhausted. Simpson, in his agitation at this discovery, dropped his letter face downwards on the pavement, when he retrieved it with the addition of a large blot of mud.

> （实验的结果显示出半便士邮票的存货也没有了。辛朴生因发现这个而感情激动之余，把他手上的那封信封面朝下地掉到人行道的地上去了，等他拾起来一看，在信封上平添了一大块烂泥。）

这是英国人写的，所以我们把 pavement 译做"人行道"，如果是美国人写的，就得译为"马路"，因为 pavement 在美国是指"车行道"呢。

同一字而英美意义不同的，现选出五十字，注明两国的含义，以供初学者的参考。

	英	**美**
apartment	房间	公寓
avenue	林荫道	大道
bakery	面包制造所	面包贩卖店
barn	谷仓，干草房	牛棚，马厩
bath	浴缸	浴室
billion	万亿	十亿
biscuit	饼干	馒头形面包
block	一座大厦	一排房屋

bug	臭虫	昆虫
boot	长靴	皮鞋
calico	白洋布	印花布
cane	手杖	藤的总称
casket	棺材	首饰箱
chicken	鸡雏	鸡
conservatory	私人温室	公立音乐学校
Continent	欧洲大陆	美洲大陆
corn	小麦	玉米
couple	一对	两三个
creek	内江	小支流
dresser	食器柜	梳妆台
dry goods	食粮杂货	布料纺织品
faculty	大学的学院	全体教授
fence	木栅	铁栏杆,石垣
fire company	火灾保险公司	消防队
folks	朋友	家族
fresh	清新的,精神爽快	鲁莽无理的
locust	蝗虫	蝉
lumber	破旧家具	木材
lunch	午餐	便餐
merchant	批发商	商人

overall	女用罩衣	男用罩衣
pants	内裤	西装裤
pocketbook	记事本	钱包
pub	酒店	报纸经营者
quiz	嘲弄	测验
rabbit	家兔	野兔
recitation	背诵	课业的复习
redcap	宪兵	搬运夫
shop	商店	工厂
show	上演的戏	展览会
sick	呕吐	生病
sleeper	枕木	卧车
subway	地道	地下铁路
suspenders	吊袜带	吊裤带
the Street	舰队街(报馆)	华尔街(银行)
thread	麻线	棉线
through	接通了电话	打完了电话
trillion	一百万的三乘	一百万的二乘
tutor	导师	助教
vest	内衣	背心

十 中英文中的虚字

在上面的文章中我曾提到欧阳修在"仕宦而至将相,富贵而归故乡"句中,增添"而"字的故事。这个"而"字,就是一个虚字,因为有无并不影响文句的意义,当然,中文的虚字,最普通的是"之""乎""也""者""已""焉""哉"。善用虚字,不但可以助长神韵,增加声调之美,而且可以表达感情,使文章生动出色,如果用得不当,小则成为多余的累赘,大则使文句拖泥带水,似通非通。《湘山野录》上载有下列故事:

> 太祖幸朱雀门,指门额"朱雀之门"问赵韩王普曰:"何以不只书朱雀门,须著之字安用?"普对曰:"语助。"太祖大笑曰:"之乎也者,助得甚事?"

上述的这个"之"字,确是多余的,如果你说"天国之门是窄的",你就非得用一个"之"字不可。所谓语助,就是虚字的别称。前人有诗云:"之乎也者已焉哉,况且然而以又来,慎矣学生宜领悟,安排妥当真秀才。"清人张文炳把虚字分为六类,有起语虚字,按语虚字,转语虚字,衬语虚字,束语虚字,歇语虚字(见他著的《虚字注释备考》)。可见中国虚字的复杂和难用,否则他也就不会著成专书来说明用法了。

上述"朱雀之门"中的"之"字是多余的,欧阳修的名句"仕宦而至将相,富贵而归故乡,此人情之所荣,而今昔之所同也"中的两个"之"字,又何尝不是多余的呢?去掉句中的

"而"字和"之"字,甚至"也"字,说成:"仕宦至将相,富贵归故乡,人情所荣,今昔所同(也)",还是完全一样地可以把原意表现出来,并没有失掉一点什么,只是在声调上有所不同罢了。最后的"也"字,作语尾助词,略同白话文的"啊","呀",带有暂时收束一句话的作用,又含有作者对读者的轻微的挑战,仿佛说:你想想看吧,你觉得我说的对吗? 如果你要继续读下去,你只好承认我说的对了。像这样含义微妙的虚字,谁也很难译成外国文的。欧阳修在他另一篇名文《醉翁亭记》中,一连用了二十一个"也"字,Giles 就一个也没有能够翻译得出来。这实在不能怪他译得不完善,对于虚字最聪明的办法就是放下不译,与其翻译错误,不如不译的好。《醉翁亭记》开头的一句:"环滁皆山也",译文作 The district of Chu is entirely surrounded by hills,意即滁州被小山环绕着,没有"也"字的踪影。文章的最后说:"醉能同其乐,醒能述以文者,太守也;太守谓谁? 庐陵欧阳修也!"这两个"也"字,译文中也不见,如 Drunk, he can rejoice with them; sober, he can discourse with them—such is the Governor. And should you ask who is the Governor, I reply, "Ouyang Hsiu of Lu-ling. "原文的"太守也"译成"那就是太守";"庐陵欧阳修也"译成"庐陵欧阳修",把"也"字直截了当地删去了。

中国的虚字大都没有特殊意义,只当作装饰,或说得更适切一点,用作语助而已,再举一例:

《论语·卫灵公》上有:子曰,"辞达而已矣"。这句话的意思是"辞足以达意便罢了",辞包括言辞与文辞,言辞是指口头上的言语,文辞是指笔端的文字,二者都是要以能表达意思,使听者或读者,听得懂或看得懂就行。再进一步解释，就是辞用到能达意就行了，不要多加修饰，太富丽反而不好，以辞害意，更是要不得。句中最后的"矣"字，是结束词，表示由一种假定而达到了结论，不问那种假定，上面提到与否，都是一样。

孔子认为做一个君子人，应该实事求是，无论说话作文，只宜做到达意为止，过于浮华的词藻，是虚饰的，俗丽的。所以在《雍也》篇中说："文胜质则史"，意即文采多于朴实，未免虚浮。又说"文质彬彬，然后君子"，要文采和朴实，即内容与外表，配合适宜，才算是一个君子。

文言的"而已"，等于口语说的"罢了"，也是一种复合虚字。这与"也""焉""哉"等字略有不同，因为"而已"是可以翻译的，不过不一定要翻译罢了。要照字面来译，是可以译为 and that's all 的，不过在孔子这句话中，当然不必要这样译，Legge 的译文是"In language it is simply required that it convey the meaning."再看 Waley 的译文："In official speeches all that matters is to get one's meaning through,"而新出的 Ware 译文为"It is enough that one's words express fully one's thought."还有人甚至译为"Get your meaning across and then stop."总之大家都能把"而已"一词，设法表出，但最后的"矣"字，就无法翻译了。

陆机在他作的《文赋》中说，"要辞达而理举，故无取乎冗长"，在美国的方志彤曾经译为"Essentially, words must communicate, and reason must dominate; prolixity and long-windedness are not commendable."陆机没有用"而已"和"矣"等虚字，也同样地可充分表出辞达的意思，可见虚字除对声调有帮助以外，是没有必要的。有人主张把"辞达而已矣"译为"There is nothing more for me to say in answer than that you should be able to get your meaning across." 即是把"而已矣"三字全都不译的。

中文的虚字可以不译，而中文没有虚字的地方，又非加译英文虚字进去不可。例如汉高祖的《大风歌》第一句"大风起兮云飞扬"，译成英文时，则为 When a strong wind rises, the clouds float in the sky. 英文非加上 when 一类的虚字上去，就不能构成这样一个复句出来。中文简练，不必要的字尽量略去，英文则非交代清楚不可，否则，就要发生文法上的错误。

英文的介词，连词，关系词之类，都算是虚字，高克毅在《广播与翻译》一文中说，"使译文听起来太西化，最忌的两种虚字是 when 和 if"。前者译为"当……时候"，后者译为"如果……的话"，都太公式化，应当避免。高先生还举有实例："当这位意大利共党领袖在他的演讲里开始批评苏联的时候，苏联首席代表波诺马里奥夫就离开了会场。"一句译文，他认为把"当"字去掉，就比较像中国话。如果译为"这位意大利共党代表……开始批评苏联之后……"，或是"这位意大利共党代表一开始批评苏联……"，也与原文无大出入，而意义却更明显而又易懂多了。另一句英文：When there is an agreement at the Paris talks, an Asian peacekeeping force should be formed. 可以译成"等到巴黎和谈达成协议，就应当成立一支亚洲和平部队"。

其实 when 一字，决不应呆板地译成"当……时候"，它可译的方式还有很多，甚至不译也成。

不译的如 I won't go when it rains. （下雨我就不去）。

译为"每当"的如 The stars are brightest when there is no moon. （每当无月，星光特别明亮）。

译为"虽则"的如 He walks when he might ride. （他虽则

可以乘车,他却要走路)。

译为"既然"的如 How can I convince him when he will not listen. (既然他不听,要我怎样去说服他)。

译为"只要"的如 You shall have it when you say "please". (只要你说一声"要",那就是你的了)。

译为"想到"的如 How can I refuse when refusal means death? (想到拒绝就没有命了,我怎能拒绝呢?)

凡 when = if 时,除译为"只要"外,又可译为"如果",不过有时候也可略去不译,如 Translations are like women——when they are faithful they are not beautiful, when they are beautiful they are not faithful. (翻译好比女人,如果是忠实的就不漂亮,如果是漂亮的就不忠实)。把句中两个"如果是"去掉,更为简明流利。

英文的 if 也有种种译法,决不可以"如果……的话",作为翻译的定型。

不译的如 If he goes then I won't go. (他去,我就不去)。

译为"要是"的如 If I were you, I'd go. (我要是你,我就去)。

译为"即使"的,如 I'll do it if I die in the attempt! (即使我尝试做这件事会丧命,我还是要做)。

译为"无论何时"的如 If (= whenever) I feel any doubt, I ask. (无论何时,我有疑必问)。

译为"是否"的如 He asked me if (= whether) I could help him. (他问我是否能帮他一下)。

译为"……就好了"的如 If I only knew! (我只要知道就好了)。If I haven't lost my watch! (我要没有把表丢掉就好了)。

十一　不能翻译的字句

中英两种文字,源流判然不同,在文化背景和生活环境方面,有根本的差异,因而常有一些字句,是不能翻译的。这种不能翻译的文字(the untranslatables),一般只是译出一个大意,或近似的字眼(approximations)来敷衍过去,实际是未能把原意真正传出的。

试举一个寻常的字:privacy 为例。字典上译作"隐遁","退隐","秘密","内幕","不为人目所见之事"等等,但都未能把 privacy 这个字所具有的主观的感觉表现出来。所谓 privacy 是一个以个人主义为基干的观念,表示个人具有完全自由感的空间那种状态。这即是指个人的自由自在,不受外界任何干扰的生活,所以"He must have disturbed your privacy."是说他打扰了你,妨碍了你的私生活。与 privacy 相反的字是 public,例如说,"I feel public."是说感觉到生活完全失去 privacy,置身于众目环视之下,而不自由。这也就是说"I feel exposed."或"I don't feel any privacy."美国作家 Christopher Morley 写的 *On Doors*(《谈门》)中说:

> Doors are the symbol of privacy, of retreat, of the mind's escape into blissful quietude or sad secret struggle.
> (门户象征着秘密,隐退,以及向着幸福的安静或悲哀的苦闷之一种心灵的逃避。)

中国话说味美叫"鲜"。比方说,鸡汤是鲜的,白菜豆腐汤就不鲜,但放点味精下去,也可以增加鲜味。这个鲜字就没有办法译成英文。《汉英新辞典》上译作 fresh, pure, clean, bright. 而 *Mathews' Chinese-English Dictionary* 则译作 new, delicious. 在"鲜味"项下则译作 a nice, fresh flavour 又《通用汉英辞典》则把"鲜味"译作 a fresh dainty flavour. 其 dainty 一字据 ALD 的解释(of food) delicate and delicious. 而同字典对 delicate 则解为(of food, its flavour) pleasing to the taste and not strongly flavoured. (美味的,气味不太重的)。不问形容词的 delicious, dainty, 或名词的 flavour, 都是"美味的"或"香味的"的意思,至多是表示可口好吃,但并不是"鲜"。因为我们可以说 a delicious cake. (好吃的蛋糕)。The coffee smells delicious. (咖啡味道很香)。dainty bits (美味,珍味)。The cake is flavoured with the taste of the apple. (蛋糕有苹果味道)。ice cream with the flavour of durian (有榴莲味道的冰淇淋)。a story that has a flavour of the sea (具有海洋风味的故事)。这些都是说好吃或有某种香味,但不是鲜。

拆字为汉文特有的玩意,绝不可能翻译,下联实其代表作:

> 人曾为僧,人弗可以成佛。
> 女卑是婢,女又何妨称奴。

如照字面译为:

> The man who has been a monk cannot become a Buddha.
>
> The girl who is a bond maid may be called a slave.

则汉文的妙处完全丧失，因人曾合为僧字，人弗合为佛字，女卑合为婢字，女又合为奴字，英文都无法译出。中国拆字的名作莫过于《世说新语》上说的"黄绢幼妇外孙齐臼"了。那不是直接的拆字，先要了解代用的名词，然后才能使拆散的字复原，照杨修的解释是："黄绢色丝也，于字为绝。幼妇少女也，于字为妙。外孙女子也，于字为好。齐臼受辛也，于字为辞。所记'绝妙好辞也'。"这直译出来，外国人是难于领会的。

回文英文虽有，但极少佳作。其专门名称叫做 Palindrome 意为 a word, verse, or sentence that reads the same when the letters composing it are taken in the reverse order. 代表作为 1814 年各国联军攻陷巴黎后拿破仑被放逐于地中海厄尔巴荒岛（Elba）时，所写：

Able was I ere I saw Elba.（我在看到厄尔巴以前曾是强有力的。）

他如：

Was it a cat I saw?（我看到的是猫吗?）

Madam, I'm Adam.（夫人，我名叫亚当。）

英文回文译出来，便失去回文的妙味，同样中文的回文，也是不能翻译的，例如：

客上天然居，居然天上客。

译为 He who goes to Tien Jan Chu is really a heavenly guest. 便完全失去回文的巧妙，而索然寡味了。

典故是不能翻译的，如出自《史记》的"项庄舞剑"（别有用意），出自《晋书》的"杯弓蛇影"（以虚幻之事当做真实），直译出来绝无人懂，要译只能意译。

俗语也不能译，如"不管三七二十一"，译成 despite three times seven being twenty one，或"有眼不识泰山"译成 You have eyes but cannot see Tai Shan，也是没有人能懂的。

由于观念的不同也无法翻译，如人家恭维苏东坡"满腹经纶"，而他自认是"一肚子不合时宜"，这两种形容句子，都无法译成英文，因为腹内有文章，或有不合时宜的思想，都是西方人所不能想象的。腹内仅有食物，文思只在脑中，所以一位加大教授译《西厢记》中的"学成满腹文章"作 I have a mind crammed with knowledge of the liberal arts. 即是以 mind 代替 belly 了。

由于词藻的关系，直译出来也使读者莫名其妙。如《红楼梦》二十六回上说的"凤尾森森，龙吟细细"，有人不知前句指丛竹，后句指竹上的风声，而直译为龙凤，大闹笑语。

十二　两国语义不尽同

由某一国的语文翻译为另外一国的语文时，人们所遭遇的无法克服的困难，就是找不到一个完全同义的字。人皆有母，而母子的感情，全人类都是一样的，所以"我的母亲"一语，译成英文的 my mother，法文的 ma mere，德文的 meine Mutter，都是很正确而又完善的。但中文的"眼睛"和英文的 eye，就不完全一样，因为二者只有形式相同，而颜色不同。英文的 book 也和中文的"书"不尽相同，它不仅是要从最后一页读起，而且是要从左到右地去读，不像我们的书是由上而下，由右而左的。我们不能从英文中找出一个"兄"或"弟"，"姊"或"妹"的单字来。英文说的 uncle，到底是"伯父"，还是"叔父"，是"舅父"还是"姨父"，无法分明。英文说的 cousin 到底是男的还是女的，都不晓得。中国的"万"字，英文却只能译为 ten thousand"十千"。中国一个"礼"字，要用一大串的英文单字来译，才能表达它所包含的意思，即 ritual（礼仪），courtesy（礼貌），ceremony（礼节），custom（礼俗），morality（品行），manners（举止），style（仪态），respect（尊敬），correctness（端正），modesty（谦让），virtue（美德）等等皆是，没有一个单独的英文字是和它相当的。反过来看，英文的 square 一字，也是没有一个中国字可以完全译出它的意思来的，法文也没有相当的字可用。如说 The box is square. 中文应译为"四方形的"，法文应译为 carré. 如

说 He is square. 中文应译为"公正的",法文应译为 juste 或
vrai. 如说 The carpenter's square. 中文应译为"矩",法文为
équerre. 如说 Nelson's pillar is at Trafalgar Square. 中文应译
为"方场",法文为 place. 中法文中没有一个单字可以包括
这四种意义的。

　　同为欧洲的语文,彼此之间,也常不能找到完全相等的
字来译,例如,在法文中就找不出一个完全和英文的 home
相等的字来,法文只有 house 或 residence 一类意义的字。英
文说的 I shall go home,法文只能译为 J'irai chez moi.（法文
的 chez 是介词,意为"在家",也是指的 house）。英文的 This
is my home. 法文只能译为 Voilà ma maison. 也是说的家屋。
中文的"家"字,则包含"家屋"和"家庭"两个意思,是可译
为 house,也可译为 home 的。

　　英国人对于吃下午茶特别讲究,普通吃蛋糕一类茶点
的是 low tea,吃肉类盘餐的是 high tea,都是在下午五时前后
举行。当英国人把这种习惯介绍到法国去时,却不能在法
文中找出一个相当的字,于是只好把 five-o'clock tea 直译为
le fiveocloque,略去一个 tea 字,而作为"下午茶"的法国名
字。在旅馆餐厅的通告上加有时间的,竟作 On fiveocloque à
quatre heures,意为"在四时吃五时茶",而闹出这样的笑
话来。

　　西班牙文中没有英文的 jungle 一字,于是英国文学家
Rudyard Kipling 的 *Jungle Book* 一书,就被译成"处女地的
书"（*El Libro de las Tierras Virgines*）。爱斯基摩人的语言中
没有"羊"字,于是 lamb of God（上帝的羔羊）竟被译成 seal
of God（上帝的海豹）,张冠李戴,莫此为甚。

　　任何一国的语文都有它的地域性,民族性,历史性,乃

至生活习惯和文化背景，这些都是很难从另外一种语文中找到同义的字句来表达的。例如，中文说的"推敲"，为仔细研究文字的意思，出典是唐诗人贾岛的诗句。他作有两句诗，第一句是"鸟宿池边树"，第二句是"僧推月下门"，他又想改为"僧敲月下门"，迟疑不决时遇上了韩愈，韩愈指点他说，"敲"字比"推"字好。英文中绝无"推敲"的说法，所以 *Mathews' Chinese-English Dictionary* 上，便译为 to consider words when making poetry, from a story of 贾岛 who was puzzled whether to use the words 'push' a door or 'knock at' a door. 我们如不照他这样解释，而意译的话，便可说 to be puristic(练语)，或 to choose diction(选字)。

又如说既婚妇人不贞洁的"红杏出墙"，外国绝对没有同一类型的表现法，用解释的方法来译便是 to participate in extramarital relations，用熟语来译，便可说 married women hop in the hay.

英文有 to bell the cat 一个成语，意为"去做极危险而又困难的事"。这是从《伊索寓言》而来的，与文学遗产有关的说法，中国语文中自然无此表现法。至于那由风俗习惯而来的 to cross one's fingers 一个成语，用一只手的中指把那手的食指钩住，以表示能消除灾难，意思是为人祝福或祈愿成功，举例说 From here on, we are crossing our fingers. (从今以后，我们只好听天由命了)。又如 He applied for a position with the Foreign Ministry and has his fingers crossed. (他申请了外交部的事，祈愿成功)。中文找不出这类意思的成语。

我现在虽是在谈翻译，但决不赞成字面上的翻译。学习外文决不可以从翻译入手，学习翻译决不可以从字典入手。两种不同的语文，不但单字的含义不尽相同，而且句子的表现方式也常有别。在中国人的头脑中，"雨"是一个实体，即所谓名词，很少把雨作动词用，只有文言中才有，如《淮南子》上说的"昔者苍颉作书，而天雨粟"，但在英文中却常拿雨作动词用。我们说的"天下雨啦"，不可译为 The sky falls rain. 一定要照英文惯用句的说法，译成 It rains. 或 It is raining. 才对。英文在此场合，"雨"必须用作动词，"天"则要用 it 的代词。

又如有人叫你去时，你回答说"来了"，字面是用的过去时，译成英文则必须改为现在进行时的 coming. 中国人对初见面的朋友说"久仰"，决不可译为 I adore you for a long time. 必须用英文在那场合所用的习惯语句来译，例如 I am pleased to see you. 之类。"请教大名"，也不可译为 Please teach me your great name. 应译为 May I know（或 ask 或 have）your name？"贵处是哪里？"也不可译为 Where is your honorable place？而应译为 Where do you come from？"我劝你不要去"这样一句中文，最好是译成英文的 If I were you, I would not go.（如果我是你的话，我就不去）。诸如此类，两种国语中不同的表现法，才是最正确的翻译呢。

十三　在动手翻译之先

我们在动手翻译之先,必须具备一些语言文字上的知识。就中文英译来说,白话文除了一些方言俗语,乃至新字译名而外,是不大会有问题的,但文言文,尤其是唐以前的古文,就很不容易能够一目了然,文中用的字须有相当的训诂学、文字学、声韵学、校勘学、语言学及文法学的知识,才能确定其含义。语言文字是随着时代地域而变迁的,时有古今,地隔南北,语文必然地要发生差别而变异了。古今语文不同的地方,重要的有下列几点。第一是音的转变,我们知道语文以音为主,某种声音代表某种意义,音与义合而成词。陈第说:"一郡之内,声有不同,系乎地者也;百年之中,语有递转,系乎时者也。"因为时地的不同,而不免要产生转语,例如《尔雅》上说的"粤、于、爰、曰也"。可见这四字,都是一音之转的所谓声转出来的异语。

又如语义可以变迁:"诸侯之地其削颇入汉者为徙其侯国及封其子孙也所以数偿之"(《汉书·贾谊传》)。

颜师古在"也"字处断句,沈彤指正说:"也当作他。谓诸侯或以罪黜,其地被削,多入于汉者。若因其所存地为国,则国小而其子孙亦不得封,故为之徙其侯国,并封其子孙于他所,如其被削之数偿之。颜注误。"杨树达同意沈彤的说法,但说"也","它"二字古音同通假,不改为"他"字。如果我们不懂得"也"字和"它"字同音,就如颜师古一样发生误解,而译文非错不可。

语法也有改易,诗中用韵,倒句极多,如《小雅》所说的"瞻彼中原",绝不是我们现在说的"中原",而应为"原中"的倒装说法。他如"不我遐弃"即"不遐弃我";"野于饮食"即"饮食于野"等皆是。又如:

若崩厥角稽首(《孟子·尽心下》)

也是一个倒句,等于说"厥角稽首若崩",如果认为是"稽首至地,若角之崩",不知道角是什么,大成笑话。应劭解释说:"厥者,顿也。角者,额角也。稽首,首至地也。"若崩二字,乃形容厥角稽首之状。焦循解释说:"厥角,是以角蹶地。若崩者,状其厥之多而迅也。"正是白话说的"叩头如捣蒜"。英国汉学家 Legge 不懂得原义的意思,所以英译为:

On this, they bowed their heads to the earth, like the horns of animals falling off. (于是他们俯首至地,像动物的角脱落一样。)

此外因时代不同,字体上也会发生差异,如我们现在通用的"于"和"於",就有时代的不同,在《诗经》《书经》等古书上用"于",到《论语》上便改用"於"了。如《论语·为政篇》在同一章中相连的两句内,用了"于"又用了"於",所以宋翔凤辨证说:"上文引书作于,下文作於是夫子语,显有于於字为区别。"可是东晋古文《书经》的作伪者,没有训诂学上的知识,不明白这种分辨,因而把孔子说的话,也当作《尚书》的逸文,从这里一并采入所谓《君陈篇》中去了。我们的名汉学家当然更加不能辨别,因而有如下的翻译。

子曰书云,孝乎惟孝,友于兄弟;施於有政,是亦为政，奚其为为政。

> The Master said, "What does the *Shuching* say of fili-
> al piety? — ' You are filial, you discharge your brotherly
> duties. These qualities are displayed in government. ' This
> then also constitutes the exercise of government. Why must
> there be THAT—making one be in the government?"

以上是 Legge 的译文，现在我们再看 Waley 又是怎样
译的：

> Master said, *The Book* says："Be filial, only be filial
> and friendly towards your brothers, and you will be con-
> tributing to government."There are other sorts of service
> quite different from what you mean by "service".

两人同是把"施於有政"，当作《尚书》中的话，而不辨
"于"，"於"的古今字，自然分不清楚哪是《尚书》，哪是《论
语》的话了。"施於有政"句中的"施"是推行，廷及的意思；
"有"字无义，古代构词法，常用于名词前，如"有唐"等；
"政"字据杨遇夫说："政谓卿相大臣，以职言，不以事言。"所
以整句话的意思，应为"把这种风气影响到卿相大夫身上
去"，也就是"把这种风气带到政治上去"。

单就上面所举出的一两个例子，我们就可以明白在动
手翻译之先，要懂得一些什么，而且要深入到什么程度，否
则是很难得到正确而优美的译文的。

十四　选用适当的字句

我们到一个陌生的地方,问路是常有的事。例如,"你能告诉我到火车站是怎样走的吗?"这样一句问句,应当是每个小学生都英译得出来的。普通译为"Can you tell me how to get to the railway station?"似乎没有什么不对。但你向英美人这样发问时,他可能不加理睬,即是理睬,他也许只回答一个"yes"便调头而去,不会指点你的路的,因为他自审有此能力,但并无此义务。有此能力,他说"yes";无此义务,他不必指路。为什么会这样的呢?问题就出在"can"一字上,此字译得不适当,而使问者完全未能达意。英文的"can"是表示能力的,你问他有无此种能力,是对他很失礼的。英文应该用"could",虽只是"can"的过去形,但含义就大不相同了。美国的学者 Bergen Evans (*A Dictionary of Contemporary American Usage* 的著者)在 *Comfortable Words* 一书中说:

Considering that I have interrupted you and bothered you with a question which you are under no obligation to answer, **could you** find it in your generous heart, drawing the plentitude of your knowledge, to tell me? (想到我来打扰你,用一个你完全没有义务要回答我的问题来麻烦你,你是不是可以引用你丰富的知识,以宽大为怀的心情,来指点我一下呢?)

这意思简单地说时,就是"Could you……?"

朋友新婚,我们说一声"恭喜",译成英文的"Congratulations!"总该没有错吧。然而有时也是有问题的。对新郎致祝词时固然可以说"Congratulations",但对新娘就千万不要这样说,因为此字的含义是对努力而获得成功的人说的,如果用来对新娘祝贺,无异于在说,"你多方努力的结果,总算是被你抓住了一个男人,我祝贺你有这种成功!"岂不要使新娘听了很难受吗?所以对新娘说的"恭贺",英文应译为"I hope you'll be happy!"或是"I wish you every happiness!"有部名叫《红鞋子》的影片,当中正有恭喜女孩子新婚的对话,可资参考。

Irina:Listen, mes amies. I am fiancee. I get married.(嗨,各位朋友。我是订了婚的,我结婚了。)

Ratov:My dear child. All my love and best wishes for your happiness.(我亲爱的孩子。我诚心祝贺你的幸福。)

Boleslawaky:Irina, my little horror. I wish you the greatest happiness with your new partner.(我的小恐怖,伊莉纳呀。我祝贺你和你的新伴侣共享最大的幸福)。

如果吊丧的话,我们惯常是用哀悼的字样,而且是对死者说的,但西洋人则要对生者慰问,所以不可英译为"commiseration"或"lamentation",而要译成"sympathy"一字。

同是一个意思,有好几种不同的说法,翻译时非得看说话的对象,用最适合的字句不可。比方路上有人问到某处去怎样走法为好,你回答说,"那最好是坐巴士去。"这句话最普通的翻译,当然是"You had better take a bus."如果这样对陌生人说,是很失礼的,因为这是一句命令句,只能用于晚辈或下属的。老师可以对学生说，"You had better attend class regularly if you want a good grade."（你要想有好的成绩，就得经常上课。）医生或护士对病人也会说，"You'd better not take a bath today."（你今天最好不要洗澡。）为什么这样说是命令语气呢？因为 you had better 为 you have a duty to 或 you have an obligation to 的意思，既系"有义务"，即非这样不可，所以除命令口气外，有时还有胁迫的感觉，如说"You two had better get in the car."（你们两个坐上车去。）其意实与 you must 或 you should 相近（说 should→had better→must 逐渐加强），所以换句话说，便成"You should do what you are told or else you will suffer rather serious consequences."（你要照我吩咐的办才好，不然的话，恐将遭受严重的后果。）那么，"最好怎样"，又要如何译法，才不至冒犯别人呢？比较客气的说法有：

> I suggest you take a bus.
>
> It might (would) be better to take a bus.
>
> Perhaps you might like to take a bus.
>
> Why not take a bus?

有时也可以利用客观的事实表达，和我们说的"足下之文过人处不少"（苏轼与李方淑书），"故敢坐通书于下执事"（黄庭坚上苏轼书），一则说"足下"，一则说"下执事（你的佣人）"，都是不敢直接冒犯，而用客观的事实来表达，自然就显得客气多了。试比较下面的 A，B 两种译文，A 是唐突而不礼貌的说法，B 是客观而有礼貌的说法。

(1)你最好搭巴士车。

A. You had better take a bus.

B. It's better to take a bus. 或 I think the best way is by bus.

（2）你应在三点半到达。

A. You should arrive at three-thirty.

B. It would be good to arrive at three-thirty.

（3）走二号公路去西贡。

A. Take No. 2 Highway to Saigon.

B. It's best to take No. 2 Highway to Saigon.

（4）当心那低梁。

A. Watch that low beam.

B. That beam is low.

（5）那店的东西比较便宜些。

A. You don't have to pay as much at that shop.

B. It's less expensive at that shop.

（6）你三点半能来吗？

A. Can you come at three-thirty?

B. Would three-thirty be all right?

（7）你可以接受这个待遇吗？

A. Will you accept this offer?

B. Is this offer acceptable?

（8）你要喝点咖啡或是茶吗？

A. Do you want some coffee or tea?

B. May I serve you some coffee or tea?

（9）你需要帮助吗？

A. Do you need any help?

B. May I help you?

（10）你要把门打开吗？

A. Do you want the door opened?

B. Shall I open the door?

十五　英译中五种方法

(1) 省译法

　　中英两国的文字在语法上常有不同，如英文有 eat one's words 一个成语，与中国《尚书·汤誓》上说的"食言"相当，但中国话却不像英文一样说"食其言"，可见中文比英文更要简洁。又如表示损人而不利己之意的，出自《伊索寓言》的典故，有 a dog in the manger 一个说法，句中不用动词，而中文则必须说"狗占马槽"，或是"占着茅坑不拉粪"，非有一个动词的"占"字不可，这是英文比中文简洁的地方。

　　不问原文或是翻译，文字总以简洁为上。文法家 Nesfield 说："概言之，一句之中简洁所生之力，与繁芜所耗之力，正复相若。无益之字，必然有害。"文学家 A. Bain 说："用五个字可表达的思想，用十个字来表达，即是浪费。"我们在翻译时，运用语文的习惯，可略则略，否则不但是浪费，而且有害。下列各句中有黑体的字，译成中文时都应略去不译。

　　A book is useful. (书是有用的。)

　　The earth is round. (地球是圆的。)

　　On Sundays we have no school. (礼拜天我们不上学。)

　　He is keeping **his** bed. (他正卧病。)

　　Oh no, he will not do it. (不，他不会那样做的。)

　　Mr. Bingley was good-looking **and** gentleman-like. (彬礼

先生丰姿秀美,彬彬有礼。)

A wise man will not marry a woman who has attainments **but** no virtue. (聪明人是不会娶有才无德的女子为妻的。)

If you write to him, the response would be absolute silence and void. (你写信给他,永远是石沉大海。)

Sunday is the day **when** I am least busy. (礼拜天我最不忙。)

Could you help me **in any way**? (你能够帮忙我一下吗?)

As it happens, we did not meet there. (我们在那里并没有碰头。)

代名词在英文中用得极多,译成中文时务必略去,译文才能简洁,例示如下。

> In sooth, I know not why I am so sad:
>
> **It** wearies me; you say **it** wearies you;
>
> But how I caught **it**, found **it**, or came by **it**,
>
> What stuff 'tis made of, where of **it** is born,
>
> I am to learn;
>
> And such a want-wit sadness makes of me,
>
> That I have much ado to know myself.
>
> ——*The Merchant of Venice*, Act Ⅱ, Scene ⅰ.

上文指"忧愁"的 it,三行中凡七用,如全部照译为七个"它"字,便不像中文了,所以梁实秋多把它略去不译:"老实说,我不知道为什么我这样忧愁:使得我也很烦恼;你说使得你厌烦;不过这忧愁我是怎样染上的,怎样寻到的,怎样获得的,是什么东西做成的,从什么地方生出来的,我还得要研究；忧愁把我弄得如此的糊涂，以至于我很难有自知之明了。"

The infrequent sounds that could be heard were strangely distinct, even when **they** were faint and remote. (不常听到的那种声音，纵是微弱而又辽远，却出奇的清晰。)

He was naturally proud and ambitious, but **he** was honest and true, and always put the interest of **his** country men before **his** own. (他赋性高傲，而且野心勃勃，但却真诚正直，常把国人的利益，看得比自己的还重。)

If **we** succeed in giving the love to learning, the learning itself is sure to follow. (一到了爱好学问的时候，学问就一定会跟着来的。)

The money **you** pay to school is called school fee. (缴给学校的钱叫做学费。)

Be a place what **it** may, **one** gets to like **it**, if **one** lives long in **it**. (无论是怎样的地方，要是住得长久了，总会渐渐对那地方喜欢起来的。)

The following letter will explain **itself** and needs no apology. (下面的信一看就明白，用不着什么声明。)

此外中文少用复数，文言虽有"吾侪"，"卿辈"，口语虽有"我们"，"你们"的说法，但对事物则绝少用复数，中国话不可以说"书们"，"笔们"，或"牛们"，"狗们"的，至多只能说"这些书"，"那些狗"，一般情形都是把复数不译，例如：

Winter is the best time to study the growth of trees. Although the **leaves** are gone and the **branches** are bare, the **trees themselves** are beautiful. (冬天是研究树木生

长的最好的季节,虽则树叶落了,树枝光了,但树木本
身却是美丽的。)

(2)增译法

有些英文字句如照字面翻译,意念是不完全的,必得加
上一些字眼来补充说明,有的要补上几个字,有的要增加一
整句,例如:

I am looking forward to the holidays. (我在等待假期"的
到来"。)

Much of our morality is customary. (我们大部分的道德
"观念"都有习惯性。)

What we as laymen and citizens ought to learn is that sci-
ence and technology are handmaidens. (我们门外汉老百姓应
该明白的,就是科学和工艺好像侍女一般"是不能独立
的"。)

What if he should fail! (万一他失败了,"要怎么办?")

Courage in excess becomes foolhardiness, affection weak-
ness, thrift avarice. (勇敢过度,即成蛮勇;感情"过度,即成"
溺爱;俭约"过度,即成"贪婪。)

Books are so cheap that every one of us has the best books
at his command, as well as the worst. (书籍是非常便宜的,所
以我们无论是谁,最好的书也好,最坏的"书"也好,都可以
自由地买到手。)

When the eyes say one thing and the tongue another, a
practised man relies on the language of the first. (眼睛所看见
的是这样,而口里"所说的"又是那样,老于世故的人一定相

信前者。)

培根在《谈学问》一文中说：

> Histories make men wise; poets witty; mathematics subtle; natural philosophy deep; morality grave; logic and rhetoric able to contend. (历史使人聪明;诗人"使人"遐想;数学"使人"精细;格致"使人"深沉;伦理"使人"庄严;理则和修辞"使人"能够争论。)

(3) 倒译法

中国话的副词等常置于句首,而英文则多置于句尾,例如:

He came **yesterday**. (昨天他来过了。)

He drinks half a bottle of wine **with each of his meals**. (每餐他都要喝半瓶酒。)

He is not happy, **though he is rich**. (他虽有钱,但不快乐。)

No doubt, much as worthy friends add to the happiness and value of life, we must in the main depend on ourselves. (益友无疑很可以增进人生的幸福与价值,但大体上我们还是要靠自己。)

Helen Keller 在 *Three Days to See* 中说:

①**How much easier, how much more satisfying it is** ②for you who can see to grasp quickly the essential qualities of another person ③by watching the subtleties of expression, the quiver of a muscle, the flutter of a hand!

(③借着观察表情的微妙变化,肌肉的颤动,手的挥摆,②你们有眼能看的人要了解别人的特性,①该是多么容易,多么满意呀!)

国父孙中山先生伦敦蒙难获救后,致函报界申谢他们的援助,其中有句云:

Will you kindly express through your column my keen appreciation of the action of the British Government in effecting my release from the Chinese Legation?（本人承蒙贵国政府之援助,得自中国公使馆获释,拟借贵报一角,敬伸感激之情,不知可邀俞允否?）

再看 Jane Austen 的 *Pride and Prejudice* 中的两句:

"**What does Mr. Darcy mean**," said she to Charlotte, "by listening to my conversation with Colonel Forster?"（"戴锡先生听我跟福斯塔上校谈话,"她对查乐蒂说,"这究竟是什么意思?"）

Sir Walter Scott 的 *Ivanhoe* 中描写比武的场面有句云:

The ladies encouraged the combatants not only by clapping their hands and waving their veils and kerchiefs, but even by exclaiming, "Brave lance! Good sword!" **when any successful thrust or blow took place under their observation**.（贵妇们看见刺中或打中时,不只是鼓掌,挥动头纱和手巾,甚至高声喊叫:"好枪法! 好刀法!"这样地来鼓舞比武的英雄。）

莎剧 *Romeo and Juliet*, Act Ⅰ 上说:

Draw, if you be man. Gregory, remember thy smashing blow. (是汉子就拔出剑来,葛雷古利,别忘了你的杀手锏。)

Dickens 的 *David Copperfield* 中云:

The day was just breaking when we were about to start; as I sat thinking of her, **came struggling up the coach side, through the mingled day and night Uriah's head**. (天将破晓,我们就要动身了,我坐在车上正想着她,忽然当昼夜混沌未分之际,从马车的旁边钻进尤莉亚的头来。)

(4) 改译法

英文喜用 Passive Voice,而中文宜改成 Active Voice 来译:

It is time your boy **was sent** to school. (现在你该送儿子上学了。)

把 Impersonal 的主语改译为 Personal 的主语,例如:

It is requested that every guest should bring a gift with him. (请每位客人各带一份礼物来参加。)

It is unbearable for me to work in this dreadful heat. (在这种盛暑中工作我受不了。)

否定与 till 连用时,中文应将否定去掉来译,或将 till 句也译成否定,例如:

He will **not** be here **till** eight o'clock. (他要八点钟

才来。)

People do **not** know the value of health **till** they lose it.（人不到失去健康，不知健康的可贵。）

英文句中的主语如系表动作的原因，则有时可以将后面的宾格名词或代名词移调作主语，而将原有的主语改译为"因为……"的语句，例如：

Unfortunately, the **want** of his family had kept **him** from school, and he seemed to feel the loss.（不幸得很，他因家庭贫困，不能上学，他似乎痛切地感到这种损失。）

He had given all up for lost, when the **appearance** of a distant **sail** raised his hope of rescue.（他全然断了念，以为是没命了；但是因为见到了远方的帆影，他又生出了一种得救的希望。）

The **seclusion** in which **they** had kept **themselves** so long, had cut them off from a knowledge of the relation between the nations.（他们因与世事隔绝日久，以致不能知道国际间的关系。）

Machinery has made the **products** of manufactories very much cheaper than formerly.（因为机械的缘故，工厂里的产品，比起以前来，价钱便宜多了。）

The little **time** one can afford for reading ought to settle the **question** once for all as to what shall be read.（人们因为能够拿来读书的时间太少，所以对于应该读些什么书的问题，不能不有所取决。）

如果英文句中各项内容的排列顺序大异于中文时，便须大事调动,重新加以组织,译成中文后方可通顺明白,例如 Emily Bronte 的 *Wuthering Heights* 一书中有这样的一句:

> One end, indeed, reflected splendidly both light and heat from ranks of immense pewter dishes, interspersed, with silver jugs and tankards, towering row after row, on a vast oak dresser, to the very roof. (在一个尽头处,有一个大橡木柜台,上面放着很大的一排排的盘子,中间羼放着银制的杯罐,一排比一排高,高到屋顶,诚然是把光线和热气都反映得很灿烂。)

(5)简译法

语言之趋于简洁,原为自然的演变。英文较法、德、俄文为简洁,而中文的简洁,又远胜英文。中国文字无字形变化之累,无定形文法之弊,其简洁自不待言。

Thomas Hardy 的 *Jude the Obscure* 上有句云:It isn't rum for a woman to want her old husband back, for respectability, though for a man to want his old wife back—well,perhaps it is funny,rather! ("一个"女人为了体面[的关系],而要[她的从]前[的那个丈]夫回来,这并不"是"奇怪"的事",虽然"一个"男人要"他从"前"的那个"妻"子"回来,也许是很有趣的事。)

Scientific exploration, the search for knowledge, has given man the practical results of being able to shield himself from **the calamities of nature and the calamities imposed by other men**. (科学的探测,知识的追求,使人获得了避免天灾人祸的实力。)

To use the knowledge which science **is supposed** to discover and apply it to things which are useful is technology. (利用科学知识制造有用之物,即所谓工艺学。)

La Rochefoucauld said: "In the misfortunes of our best friends, we find something that is not unpleasing." (幸灾乐祸。)

简译法是一种意译,取其精华,去其渣滓,无须保留字面的意思。又如 Hilaire Belloc 讲贫穷时的标题:

Poverty: The Attainment of It: the Retention of It when Attained,可简译为《贫穷:致贫与安贫》。

十六　英文长句的译法

我们从 *Everyman Library* 或 *The World's Classics* 中取出以年代为顺序的英国代表散文选来读的时候，便可发觉英文造句的变迁，以前流行写很长的句子，现在却倾向于简化了。我们的生活，一天天的繁忙起来，没有前人那样悠闲自在；从前从欧洲到亚洲，要走上十几年才走得到，现在只消一两天工夫就行了。一切都缩短了，英文的造句也不在例外，以前一个句子长达三百字以上，常常一页书只有一句，并不算什么稀奇。至于一百多字长的句子，更是俯拾皆是。例如约摸在二百年前出版的 Lawrence Sterne 著 *The Life and Opinions of Tristram Shandy* 一书，我们就可以在其中读到一百四十五字长的如下的文句：

I wish either my father or my mother, or indeed both of them, **as** they were in duty both equally bound to it, had minded **what** they were about **when** they begot me; had they duly considered **how** much depended upon **what** they were then doing;—**that** not only the production of a rational being was concerned in it, but **that** possibly the happy formation and temperature of his body, perhaps his genius and the very cast of his mind;—and, for aught they knew to the contrary, even the fortunes of his whole house might take their turn from the humours and dispositions **which** were then uppermost;—had they duly weighed and considered all this, and proceeded accordingly, I am verily persuaded I should have made a quite different figure in the world, from that in **which** the reader is likely to see me.

（我希望我的父亲或是我的母亲，不，我的双亲，因为他们两人同样地对此都有义务，当他们生我的时候，会注意到他们所做的事；如果他们适当地想过，他们当时所做的事，是有何等大的影响；那不单是产生一个有理性的人，而且身体适合的形成和要素的配合，也许他的天赋及其心灵的典型都产生出来；而由于那时他们最强烈的性情和意向，恐怕要甚至改变他们全家的命运；如果他们适当地仔细考虑过这一切，因而照着进行的话，我确信我早成为与读者诸君此后可能见到的我，完全两样的一个人物了吧。）

以上是依照原文也译成一个长长的中文句子，如能表出原意已属万幸，决谈不上通顺流利。

据 R. Flesch 的研究，伊丽莎白时代的文句，长度平均是四十五字，维多利亚时代平均是二十九字，到现代便只有十几二十字了。文章要使人容易了解，最要紧的条件，就是句子要短，每句不到十九个字的句子，是最容易了解的，二十八字以上的句子就相当费解了。

现代的文人不愿咬文嚼字，故意矫揉造作，只求平易通达，所以都是用的短句，例如美国的大作家海明威（Ernest Hemingway）所写的短篇 *Cat in the Rain* 起头的一节：

There were only two Americans stopping at the hotel. They did not know any of the people they passed on the stairs on their way to and from their room. Their room was on the second floor facing the sea. It also faced the public garden and the war monument. There were big palms and green benches in the public garden. In the good weather there was always an artist with his easel. Artists liked the way the palms grew and the bright colours of the hotels facing the gardens and the sea. Italians came from a long way off to look up at the war monument. It was made of bronze and glistened in the rain. It was raining. The rain dripped from the palm trees. Water stood in pools on the gravel paths.

（那旅馆里只住着两个美国人。他们从房间里出来，或是从外面回到房间里去的途中，在楼梯上所碰到的人，一个也不认识。他们的房间，是在面对着海的二楼。那又朝向公园和战争纪念碑。在公园中有大的棕榈树和绿色的凳子。当天气晴和的时候，总是有一个画家带着画架到公园里去。画家们喜欢棕榈树生长的样子，喜欢那些面向公园和海的旅馆的鲜明的色彩。意大利人从远处来此看那战争纪念碑。那是铜制的，在雨中闪耀发光。那时正下着雨。雨从棕榈树上落下来。在那石子铺的小路上，有着一滩滩的水。）

海明威的文章平均每句只有十一个字，正是所谓 tough style（吃力的文体）。除了必要的以外，决不加修饰语句，俾可给读者一个正确而简明的印象。在上面这十二个句子当中，有九句是单句，只有两句是复句，一句是合句。就是那复句也都把其中的关系代名词省略掉了（即 any of the people［that］they passed 及 liked the way［in which］the palms grew）。

反之,我们看 Sterne 的那个长句中,竟用了九个之多的连词,都是把从属子句连在主句上的,这样的主从关系,便叫作 hypotaxis(从属);与此相反的便叫作 parataxis(并列),如罗马皇帝的名句 I came, I saw, I conquered.(我来了,我看见了,我征服了。)

文章之难于了解,不仅是在其太长,而且是在从属与并列的关系太复杂。原来古代的英语只有并列,后来因人的思想愈趋复杂,便发展到微妙的从属关系了。例如古人说 I know that: he is honest.(句中 that 为指示代名词)。今人说 I know that he is honest.(句中的 that 便成为连词了)。古人说 Had I the time? I would go.(前句原是问句)。今人说 Had I the time(= If I had the time), I would go(前句成为假定句了)。由此可见从并列进展到从属的过程和迹象了。

中英文法不同,表现方法亦异。一般而论,中文简洁而英文繁复。中文一字一义,至多一辞一义,而英文则常用冗长的修饰句来表达一个意思,所以英文每多长句。严几道在《天演论》例言中说:"西文句中名物字多随举随释……少者二三字,多者数十百言。"他所指的就是说英文中的形容词子句或分词片语等,那些修饰语每置于其所形容的名词之后,用 which, who, that 等关系代名词引导,少则二三字,多则几十字或上百字,使得英文句子愈拉愈长。严氏又下断语说:"假今仿此为译,则恐必不可通。"所以我们翻译这些像一列火车似的英文长句,必须把它切断来译,才可使之成为通顺的中文。切断的方法很多,现就其重要者,例解如下:

(1) 在关系代名词处切断

Time is of no account with great thoughts, **which** are as

fresh today as when they first passed through their authors' minds ages ago. (时间和伟大的思想是没有什么重大关系的。那些思想直到今日,仍然和往昔在其创始者的头脑中最初出现时一样,是依旧很新鲜的。)

(2)在关系副词处切断

The pale old man was calmly sitting in the inconvenient little back room which the household was taught to call his study, **when** the smiling face of the housemaid appeared at the door, holding a slip of paper in her hand. (那位面容苍白的老人正平静地坐在那间不方便的内室中,而那间内室是他要家人称为他的书斋的。这时候,手中拿着一张纸条的女仆的笑脸,便在门前出现了。)

(3)在副词处切断

In the life of a healthy youth there must be opportunities for physical daring and endurance, **especially** in such an age as ours when there is nothing compulsory to call out the reserves of physical power in the lives of young men. (在一个健康青年的生命里,必须有机会来让他养成身体上的勇气与耐力。在我们所处的这个时代中,没有任何强制的事物,可以在年轻人的生命中唤起内蕴的精力的,所以这种机会尤属必要。)

(4)在动词处切断

The president, in giving to his most powerful and most distinguished rival the greatest place which a president ever has it in his power to bestow, **gave** an excellent proof of the nobleness of his own spirit. (那位总统把自己权力所能给予的最大职位,给予了他的最有势力,而又最为卓越的敌手。这便是他的高尚精神的最好的证据。)

(5)在名词处切断

It was pleasant to review the past without anger or bitterness, although God knows he had cause enough for bitterness; **the Theatre** going to the dogs as it was and all these inexperienced muttering young actors playing leading parts in the West End. (在既不生气,也不难受的情况下,来回顾过去是愉快的,虽则他心中自有足够使他感到难受的地方,不过不为他人所知罢了。例如看到戏剧界堕落到现在这个样子,而一些毫无经验的,连台词都念不清楚的年轻小伙子;却在伦敦西区的大舞台上当起主角来。)

翻译并无一定的方法,同样一句话,十个人也许可以翻译十种不同的译文来,正所谓把戏人人会变,各有巧妙不同。以上所举五种不同的译法,想来绝不止此,我只不过是窥豹一斑而已。还有这五种方法,也并不限于在一句中只能用一种,译者是可以同时并用的。一句英文的长句是应该尽量把它译成许多短句的,绝不限于只能切断为两句。

当然,现在某些有名气的翻译者,也并不一定要将英文的长句切断来译,只要译出来的中文念得顺口,意思明白,也就行了。

十七　容易译错的字句

(1)英译中

英国诗人 Pope 说:To err is human.(人总是要犯错的)。孔子称赞他最得意的门生颜回"不贰过",可见犯错是圣贤也不能免的。翻译要保险不错,是谁也办不到的事。法国诗人 Baudelaire 翻译的美国诗人 Poe 的短篇小说,世评认为比原作更好,至少也是文学界一部模范的名译本,但我们仍然在译文中发现错误,例如在 *The Gold-Bug*(《金甲虫》)中 Negro Jupiter 的主人变得"as white as a goose"(= ghost)一句上,Baudedaire 译成"pâle comme une oie"(= as pale as a goose)了。不过话说回来,译者能够那样深入地理解原文的,实不多见,我以前翻译 Poe 的时候,许多地方就是参考了 Baudelaire 的法译,才决定如何下笔的。再说另一部更伟大的《钦定本英译圣经》(*The Authorized Version of the Bible*),早成为英国国民生活的中心,精神的粮食,不但这样,而且在英文方面是一个永不枯竭的源泉,在英美文学上也是灵感的来源,它本身就是一部文学名著。这样神圣的译品,也不免有一些译错的地方,如 to strain at a gnat(*Matt.* 23:24)*,

---

*　钦定《圣经·马太福音》第二十三章第二十四节说,Ye blind guides,which strain at a gnat,and swallow a camel.英国新译的 *The New English Bible*,则改译为 Blind guides! You strain off a midge,yet gulp down a camel! 可知希伯来原文的意思是"滤掉"(strain off);

即是一例,好在将错就错,早已成为英文的经典了。错误虽为名译者所不免,但那应属于艰深奥妙的字句,而一般人的误译,则常由于语文知识的浅薄而来,如非对字义认识不足,便是对文法没有搞通。我现且就错误的种类,分别将容易译错的英文字句,举例说明如下:

1. 由误解字义而生的错误

这是在各种误译中最单纯的一种,一个字常有好几种意义,甚至还有隐藏的意义非字典所载有的,译者如对原文了解不够,总不免译错,而未能传出原意的。

(1)This picture *somehow* looks crude.

(误译)此画**无论如何**看来粗俗。

(应译)此画**终嫌**粗俗。

(2)I made up my mind to write a life of my *poor* father.

(误译)我决心要替我**可怜的**父亲作传。

(应译)我决心要替我**死去的**父亲作传。

(3)I am no *wiser* than before.

(误译)我不比以前**更聪明**。

(应译)我仍旧**一无所知**。

(4)Fancy all these inexperienced *muttering* young actors play leading parts in the West End.

─────────────

* (接上页)而不是"无谓纷扰"(strain at),可是钦定《圣经》早已成为英文的经典,错也错成了典故,所以 strain at a gnat and swallow a camel,即成为 make much fuss about little peccadillos,but commit offenses of real magnitude 或 overestimate little things,while neglecting the greater(斤斤于小事而反忽视大事;拘泥细节而甘冒大不韪;见秋毫之末而不见车薪)的意思了。英文的 strain at 有二义:(1)use great effort in trying to move(an object);push or pull hard at(用力拉;努力于),(2)have unusually great difficulty accepting;make a fuss about(无谓纷扰)。中文《圣经》倒是译对了:"你们这瞎眼领路的,蠓虫你们就滤出来,骆驼你们倒吞下去。"

（误译）试想那些毫无经验的，**喃喃自语的**年轻的演员们，居然在伦敦西区大舞台上当起主角来。

（应译）试想那些毫无经验的，**连台词都念不清楚的**，年轻的演员们，居然在伦敦西区大舞台上当起主角来。

（5）We are here today and *gone* tomorrow.

（误译）我们今天在这里，明天就到别处**去了**。

（应译）人生朝露（今日生存，明日**死去**）。

（6）My uncle *remembered* me on my birthday.

（误译）我叔父**记得**我的生日。

（应译）我叔父送了我一个**生日礼物**。

（7）We found a stone lancet and some *fine* bone needles in the cave.

（误译）我们在那洞穴中找到了一个刺胳针一般的石器，和一些**优秀的**骨制的针。

（应译）我们在那洞穴中找到了一个刺胳针一般的石器，和一些骨制的**细针**。

（8）She is a *homely* woman.

（误译）她是一个**家庭妇女**。

（应译）她是一个**朴素的**女人。

（9）He was a *soldier of fortune*.

（误译）他是一个**幸运的**军人。

（应译）他是一个**冒险的**军人。

（10）Never had there been such *devotion* to a *cause*.

（误译）从来没有这样**热忱**来追究一个**原因**的。

（应译）从来没有人对一个**主义**有这样**忠实**的。

（11）Our adviser is a *colored* man of African *descent*.

（误译）我们的顾问是一个从非洲**下来**的**好色之徒**。

（应译）我们的顾问是一个非洲**血统**的**黑人**。

（12）This is a mere *apology* for soup.

（误译）这只是为羹汤**道歉**而已。

（应译）这个实在**不成其为羹汤**。

2. 由疏忽而引起的错误

这方面的错误，多由未注意英文的惯用法，以致夹缠着另外的说法，而将文义弄错。

（13）He *was used to* being made fun of.

（误译）他**常**被人愚弄。

（应译）他已**惯于**被人愚弄。

这是将上句误认为 He *used to* be made fun of. 一句而翻译的结果。注意二者的分别：*used to* do 往常，向来；*be used to* doing 惯于，习于。

（14）*By* 1960, he was well on the way to doing these things.

（误译）**到一九六零年为止**，他对于这些事早已着着进行了。

（应译）**在一九六零年以前**，他对于这些事早已着着进行了。

"到一九六零年为止"的英文为 till 1960. 应分辨 by 1960 和 till 1960 二者的含义。till 表示继续的终点，by 意为"在……以前"，表示完成的时期。比较：I shall be here *by* five.（我将在五点以前来此）。I shall be here *till* five.（我将待在此地到五点为止）。表示完成的 by，除现在时态外，还可以用过去时态或未来时态等，上例 by 1960，不像 till 1960 的停止在那年了，而是现在仍在进行的。

（15）They *robbed his safe*.

（误译）他们**偷走了**他的保险箱。

（应译）他们**盗取了**他保险箱内的东西。

我们说 The bandits robbed a bank.（土匪抢劫银行），是抢去银行里的钱，绝不可能把银行搬走。又如 Robin Hood and his men *robbed* the Norman nobles.（罗宾汉及其党徒抢劫了诺尔曼贵族），是说抢了他们的财物，绝不是绑架他们本人去做人质。

（16）Ashurst *was seeing* Megan.

（误译）亚雪斯那时正**看着**梅干的面影。

（应译）亚雪斯那时正在**回忆着**梅干的面影。

英文的 see 是一个"不完结动词"（non-conclusive verb），所以在"看"或"看见"的意义上，是不能有进行式的。可以用进行式来说的，只限于下面四种含义，即：（1）会面，（2）送行，（3）观光，（4）幻想。上例便是"幻想"的意思。

（17）He *stopped to think* over his way of life.

（误译）他对于自己的生活方式已经**停止不再想**了。

（应译）他**停下来想**到自己的生活方式。

比较：He *stopped smoking*.（他戒烟了）。He *stopped to smoke*.（他停下工作，来吸一支烟）。

（18）It（＝Holland gin）has a musty acrid flavour, and the taste for it *must be acquired*.

（误译）这种荷兰金酒具有陈年苦味，你**非品尝一下不可**。

（应译）这种荷兰金酒具有陈年苦味，**没有喝惯是不会领略到它的优点的**。

英文的动词 acquire，除"获得"一义外，还有"后天习得"的意思,如 an *acquired taste*(后天养成的趣味)。又如 to acquire a taste for brandy(慢慢领略白兰地的酒味)。还有 an acquired taste(从学习中得来的嗜好),例如 Many Chinese don't like cheese when they first eat it; it is an *acquired taste.*(许多中国人初吃干酪很不喜欢;那是要吃惯了才爱吃的)。

(19) His success is *out of the question.*

(误译)他成功**是无问题的**。

(应译)他**绝不可能**成功。

英文的 *out of question* 和 *out of the question*,虽相差只有一个小小的冠词 the,但意思是完全不同的。*out of question* = beyond question 意为"无疑"或"不待言",所以 His success is *out of question.* 是说"他一定成功"。至于 His success is *out of the question.* 便是说"他一定失败"。因为 *out of the question* = not to be thought of; quite impossible,意为"决不可能"或"无讨论的价值"。

3. 文句分析上所发生的错误

(20) We still *call the copper-colored natives of the New World Indians.*

(误译)我们现在仍然把这铜色的土著,**叫做新大陆的印第安人**。

(应译)我们现在仍然把**新大陆**的这铜色的土著,**叫做印第安人**。

(21) He knew all about geology. *But for* what the Germans call Erdekunde, his knowledge was not sufficient.

(误译)他对于地质学什么都懂,**如果没有**德国人所称的"地学",他的知识是不够的。

（应译）他对于地质学什么都懂，**但对于**德国人所称的"地学"，他的知识是不够的。

普通说的 *but for* = if it were not for 或 if it had not been for，意为"如非"，例如 *But for* your help，I should have failed.（如非你的帮助，我早已失败了）。但在上文中，不应做成语看，应将 but 与 for 分为二字来讲。又德文的 Erdekunde 只能英译为 earth science，没有适当的"–ology"的字可译。

（22）They were *not merely* a bundle of casual letters *but* were biographical ones.

（误译）那些**不但是**一些随便写的信件，**而且是**一些有传记色彩的信件。

（应译）那**并不是**一束无所谓的信件，**而是**一束有传记价值的信件。

这句只是 not…but（不是…而是）的单纯构造，不应将其解释为 not merely…but = not only…but also（不但…而且）。

4. 照字面解释的错误

这种错误在翻译中所占的比率相当的高，不少于由误解字义而生的错误。

（23）He lost a *cool* thousand dollars.

（误译）他损失了一千元，还很**冷静**。

（应译）他**整整**的损失了一千元。

这个 cool 意为"不虚报的"，"实实在在的"，"整整的"，如 We walked a *cool* twenty miles.（我们整整地走了二十里路）。He left a *cool* million to his son.（他足足留下了一百万的家财给他的儿子）。

（24）We *cannot exaggerate* its importance.

（误译）我们并**没有夸张来说**它的重要。

（应译）其重要性无论怎样**夸大其词也不为过**。

You *cannot* appraise this book *too* high.（此书无论给以怎样高的评价也不为过），也是同样意思的表现法。

（25）This is *some* war！

（误译）这是**某样的一种战争**。

（应译）这是**一场大战**！

代替 great 而用 some 的，是修辞学上所谓 meiosis（曲言法）。他例如 That was *some* storm！（好大的风暴）。It was *some* party！（盛会）。He is *some* scholar.（他是个大学者）。I call that *some* poem.（我觉得那是一首好诗）。

（26）I *should* know this tune.

（误译）我**应当**记得此曲。

（应译）此曲**确曾**听过。

（27）I *can't help* thinking that he is still alive.

（误译）我**不能帮助**思想他还活着。

（应译）我**不能不**认为他还活着。

这个 help 不作"帮助"解，而作"避免"解，通常与 can 或 cannot 连用，他例如 I don't do more than I *can help*.（我能不做的便不去做）。I *can't help* it if he doesn't come.（他若不来，我也没有法子）。

（28）*When I saw it*（= the mesa）*again*，I told myself，I *would have done my duty by* it.

（误译）**当我再看到这块岩石台地时**，我私自说，我就要**由它来代**尽我的义务。

（应译）**我再度来到这块岩石台地时**，我心下誓言要**对它来尽我的义务**。（by = to）

（29）*If* you failed in your experiment，*why*，try for the
second time。

（误译）如果你的实验失败了，**为什么**不再来一次呢？

（应译）实验不成功的话，**何妨**再来一次。

在"If…，why…，"的造句中，why 有"那么"的意思不可
译成"为什么"，也根本不必译出。这个 why 是感叹词，有时
还可译为"当然"，或"哼"或"啊"，如，"Who wrote *Hamlet*？"
"*Why*，Shakespeare．"（"《哈姆雷特》是谁作的？""当然是莎
士比亚。"）

（30）All this time I was living with a young married couple
who interested me very much，for they were unlike any people I
had ever known.

（误译）这个时期我一直和一对**使我很感兴趣的年轻夫
妇**同住在一块儿，因为他们是我从来没有遇见过的有趣
的人。

（应译）这个时期我一直和一对年轻夫妇同住在一块
儿，**这对夫妇使我很感兴趣**，因为他们是我从来没有遇见过
的有趣的人。

在关系代名词前即令没有逗号（comma），也不一定是
限定用法，上例当作限定用法译出，所以不对，因为 who ＝
and they．

（31）So，like a fool，I was *just* going to speak *when he did*.

（误译）于是，**当他说话的时候**，我傻里傻气地也打算要
说点什么。

（应译）于是，不说也罢了，偏偏我傻里傻气地想说点什
么的时候，**他却先开口说话了**。

这种 when-clause，一般都喜欢译在前面，其实，很多情

形是应该译在后面的,他例如 I'd *just* got to work in my room *when Mother came in.*(我正打算在我房间里开始用功的时候,母亲走进来了)。以上二例主句中都有 just 一字,但一般多不说 just,用法也是一样的。

(32)I will tread this *unbolted* villain into mortar, and daub the walls of a jakes with him.

(误译)我就把**这没筛过的**恶奴踏成泥灰,拿他修补厕所的墙。

(应译)我要把这**肮脏的**恶奴踏成泥灰,拿他去涂抹厕所的墙壁。

上面这句英文出自莎士比亚著的《李尔王》第二幕第二场第七十二行(*King Lear*:Ⅱ,ⅱ,72),而译文是梁实秋的手笔。梁氏把原句中的 unbolted 一字照字面的意思译为"没筛过的"(not sifted),拿来形容人实在费解。凡没有筛过的谷类,一定是粗糙不洁的,引申而为污浊肮脏的。这句话朱生豪则译成"我要把这下流的东西踏成一堆替人家刷墙的泥浆"。他把 unbolted 译为"下流",对人来说虽比较适合,但未免离原文太远了。他把"厕所"(jakes)译成"人家",则太离谱,无疑是误译。

(33)The Doctor scattered the things to the four winds, *till* there wasn't an atom of natural history left in the whole classroom.

(误译)直到教室中一点博物学的影子也没有了**为止**,校长把所有的生物,驱散到四方八面去了。

(应译)校长把所有的动物驱散到四方八面去了,所以教室中**终于**一点博物学的影子也没有了。

英文的 till 一字并不是非译成"到……为止"不可的,尤其是在否定后应特别注意来翻译, 如 He will not come *till eight o'clock.* （他要八点钟才来）, 不可译成"到八点为止, 他不会来"。

5. 关于成语比喻等修辞上的错误

（34）*Catch me* doing it!

（误译）我正在做着那个的时候, **你抓住我吧**。

（应译）**谁要做**那样的事！（反语的用法）

（35）It is a long lane that has no turning.

（误译）这是一条不转弯的长长的小道。

（应译）世上没有一条不转弯的路。

这是一句谚语, 不能照字面来译的。世上既然没有不转弯的道路, 坏的运道也不会永远坏下去的, 所以这句实有"否极泰来"的意思。同样的表现法尚有 It is an ill wind that blows nobody good. 意思并不是"歪风没有一个人吹得舒服的", 而是"哪怕是歪风也有人吹得舒服", 即所谓"人疾医生喜", 任何坏的事情总有人得利的。

（36）They *sent* him *to Coventry.*

（误译）他们把他**送到卡文特里**去了。

（应译）他们**拒绝和他来往**。

这句英文成语, 意为"绝交"或"驱逐出社交场"（ostracize）, 他例如 His friends sent him to Coventry after he was court marshalled. （在他受了军法审判之后, 他的朋友就不跟他来往了）。这句老话的来源不明, Coventry 为英格兰中部的, 一个以技术和工艺著称的小城市。

（37）Half of us disagreed with him, *myself among the rest.*

（误译）我们一半都不同意他, **我也是赞成其他的人的**

一个。

（应译）我们一半都不同意他，**我也是不同意者当中的一个**。

这句不合逻辑的话是从古以来就有名的。英文还有 among others 的说法，是从拉丁文 inter alia 来的。

(38) He may die, *for all I care.*

（误译）**我无论怎样照顾他**，他恐怕还是会死。

（应译）那家伙死了**也无人关心**。

(39) I could not recollect his name *to save my life.*

（误译）**为救我的命**，我也不能想起他的名字。

（应译）**无论怎样**我也想不出他的名字来。

此语又可译为"要我的命我也不能…"，是一种加强语气的说明。

(40) *I dare say* he is honest.

（误译）**我敢说**他是诚实可靠的。

（应译）**我想**他是诚实可靠的。

(41) He *must needs* go at once.

（误译）他**必须**立刻前往。

（应译）他**坚持**立刻要去。

英文的 must needs = insist on… – ing，意为"主张一定要怎样做"。参考：needs must = cannot help… – ing，意为"不得不"。

(42) I am quite *at fault.*

（误译）我**完全错了**。

（应译）我**十分迷惑**。

这个 at fault = at a loss 或 puzzled，意为"不知所措"，"困惑"。

（43）He is *a man of family.*

（误译）他是一个**有家庭的人**。

（应译）他是一个**世家子弟**。

英文有许多表现法是相当含蓄的。of family = nobly born.

（44）*By trimming the sails*, he tided over the crisis.

（误译）**由于调整船帆**，他渡过了危机。

（应译）**临机应变**，渡过危机。

（45）Living, *as he does*, in the country, he does not know the bustle of city life.

（误译）他因住在乡村，**如他所做的一样**，不知都市生活的扰攘。

（应译）**无论如何**他是住在乡村里的人，不会知道都市生活的忙乱扰攘。

句首的 Living = As he lives. 接下来的 as he does 一个插入句是为加强语气而重复的说法（tautology）。

以上大多数的例句，是从 Galsworthy，Maugham，Cather，A. Huxley，Phillpotts，Hilton，Woolf，Commager 等人的作品中引用的。

（2）中译英

任何翻译都有原文和译文的两面，而难易有所不同，不同的关键，就在译文的文字，是外语还是母语，现在姑就华英互译来说，如果原文是英文，华人将它译成华文，就比较容易，因为华文是母语，只要把原文的英文意思看懂了，译出来的华文是鲜有不通的。反过来说，如果原文是华文，译者即令对原文的含义完全了解，执笔来把它移译为英文时，写出来的是外国语文,总多少不太流利,甚至行文不免错误。所以一般的情形是用母语译较易,用外语译较难。

翻译不比自由写作,因原文已把意思限定,不能由译者爱怎么写就怎么写,处处都得追随原文,亦步亦趋,原作者所说的一字一句,翻译者都非彻底了解不可,如有一知半解的情形,译文必将有错,至少未能达意。《世说新语》上有一则故事,说杨修跟随曹操走过曹娥碑下,看见碑背上题有八个字,杨修一见就懂,曹操却前进了三十里路才明白那是什么意思,所以他对杨修说:"我才不及卿,乃觉三十里。"有人不了解这个"觉"字,以为作"领悟"解,所以译成"As my talent is less than you, I comprehend it after we have gone thirty miles". 其实原文的意思是"我的才干不如你,相差有三十里"。这个"觉"字应作"差"字解,所以我曾把它译成"I am far behind you in talent. There is, I find, a difference of thirty *li* between us." 在翻译上译错一个字,就完全不是那回事了,正所谓"差之毫厘,失之千里"呢。

我们把中文译成英文的时候,必须对英文有充分的表达能力,具有正确的英文知识(knowledge of English),懂得英文的惯用法及文法。此外,还要有好的辞典,随时查阅,因为大部分翻译的错误,虽然是由英文知识不够而来的,但少数误译则发生于疏忽,临时未及查阅辞典所致。例如说She was so angry at her husband that she took it out on her children. 句中一个难字也没有,执笔翻译时决不会去查辞典的,随便就译成"她因对丈夫生气,所以拿它给孩子们去了"。如果查查辞典便马上查出 take it out on,有"詈骂或伤害泄愤"的意思,而上面这句英文就会正确地译成"她因对丈夫生气,就拿孩子来作出气筒"。

1. 依照华文直译而生的错误

(1)我想要认识格林先生。

(误译)I want to recognize Mr. Green.

(应译)I should like to *know* Mr. Green.

中文说的"认识"在上句中只能用英文的 know 来译,如照字面直译为 recognize 就错了,因为英文的 recognize = know again,例如 He has changed so much that I can hardly recognize him.(他变得太厉害,我几乎不认识他了。)原本认识的人才可以用 recognize,第一次相识只能说 know。

(2)他父亲破产使他不能出洋去留学了。

(误译)The bankruptcy of his father has made him impossible to go abroad.

(应译)The bankruptcy of his father has made *it* impossible for him to go abroad.

英文的 possible 或 impossible 一类的形容词,是要用"it"来作主语,不可以用"人"作主语的。

(3)如蒙早日赐复,不胜感激。

(误译)I shall appreciate very much if you will reply at your earliest convenience.

(应译)I shall appreciate *it* very much if you will reply at your earliest convenience.

作"感激"解的 appreciate 是他动词,必须接有宾语,他例如,I greatly appreciate your kindness.(我非常感激你的好意。)

(4)他跟一个百万富翁的女儿结婚了。

(误译)He married with the daughter of a millionaire.

（应译）He *married the daughter* of a millionaire.

英文 marry 一字普通是用作他动词的,共有三个意思。
（1）结婚,包括娶和嫁,例如 He is going to marry Miss Wong.
（他将娶王小姐为妻）。She married an Englishman.（她嫁给
一个英国人）。May cousins marry each other?（表兄妹可以
结婚吗?）（2）遣嫁,娶媳,例如 He married his daughter to a
rich man.（他把女儿嫁给一个富翁）。He married his son to
an architect's daughter.（他替儿子讨了一个建筑师的女儿做
老婆）。（3）主婚,例如 The priest is going to marry them.（牧
师将为他们主婚）。如用 passive voice 是表示已结了婚的那
种状态,如 Tom and Alice have been married four years.（托孟
和阿丽斯已结婚四年了）。They got married soon after that.
（那以后他们随即就结婚了）。

（5）他是一个初级中学的教员。

（误译）He is a teacher of a junior high school.

（应译）He is a teacher *at*（或 *in*）a junior high school.

（6）我将用电报把结果通知你。

（误译）I will inform you the result by telegram.

（应译）I will inform you *of* the result by telegram.

（7）我昨天跟你讲的那本书要我拿给你看吗?

（误译）Shall I show you the book which I told you yester-
day?

（应译）Shall I show you the book I told you *of* yesterday?

（8）健康比财富可贵。

（误译）Health is precious than wealth.

（应译）Health is *more* precious than wealth.

（9）他年轻时的勤勉,使他获得今日的地位。

（误译）His diligence in his younger days made him what he is today.

（应译）His diligence in his younger days *has made* him what he is today.

（10）我哥哥是一个跳舞迷。

（误译）My brother is a dance mania.

（应译）My brother *has a mania for* dancing.

表示对某事的着迷或狂热，英文说 mania，但这个名词不能作主格补语用，只能作动词 have 的宾语用。他例如 He has a perfect mania for rare books.（他有收集珍本书的狂癖）。

（11）新加坡有好多人口？

（误译）How many population has Singapore?

（应译）What is *the population of* Singapore?

"人口"的英文 population 是不加"s"而造成复数的，所以不能用 many，但有时可以加不定冠词，如 Singapore has a very large population for its area.（新加坡以面积来说人口是很多的）。这个 population 当然也可作单数用，如 Population sinks.（人口降低）。普通用作集合名词，不需加"s"作成复数，除非是下列情形：the educated populations of China and Japan（中日两国的知识阶级）。

（12）那语言中心有很多优良的设备。

（误译）The language centre has many fine equipments.

（应译）The language centre has *much* fine *equipment*.

作"设备"解的 equipment，也和 information 等字一样，是不可以加"s"作成复数的。

（13）假期从明天开始。

(误译)The vacation begins from tomorrow.

(应译)The vacation begins *tomorrow*.

句中的 tomorrow 是一个副词,前面不可加用介词。

(14)那地方像江南三月的温暖。

(误译)The place is as warm as March of Kiangnan.

(应译)The *place* is as warm as *Kiangnan* in March.

不是同类的名词不能比较。

(15)他后悔不该那样说的。

(误译)He repents to have said so.

(应译)He repents *of having* said so.

(16)一到新加坡,我的朋友就在机场等着接我。

(误译)On arriving at Singapore, my friend was waiting for me at the airport.

(应译)On arriving at Singapore, I *found* my friend waiting for me at the airport.

(17)他是我父亲的朋友。

(误译)He is a friend of my father.

(应译)He is a friend of my *father's*.

(18)他没有告诉我说他什么时候回来。

(误译)He has not told me when he will be back.

(应译)He *did* not tell me when he *would* be back.

(19)这学校有三千个学生。

(误译)The school has three thousand students.

(应译)*There are* three thousand students in the school.

(20)我想向你借个电话好吗?

(误译)May I borrow your telephone?

(应译)May I *use* your telephone?

2. 缺乏英文文法知识而来的错误

（21）王先生给了我们学生很多的课外作业。

（误译）Mr. Wong gave our students many homeworks.

（应译）Mr. Wong gave *us* students *much homework*.

（22）如果你想增进你英文写作的能力，你必须尽量地多读。

（误译）If you want to improve your ability of writing English, you have to read books as many as you can. ·

（应译）If you want to improve your *ability to write* English, you have to read as many books as you can.

（23）我们在阿尔卑斯山中的一个茅舍里住了将近十天。

（误译）For about ten days we spent at a mountain hut in the Alps.

（应译）For *nearly* ten days we spent at a mountain hut in the Alps.

英文的 spend 是他动词，不可以说 we spent *about* ten days. 依照文法规则，他动词要直接接宾语，只有自动词接宾语时才需要加介词。

（24）去秋我去游了在杭州的西湖。

（误译）Last autumn I visited West Lake where is in Hangchow.

（应译）Last autumn I visited West Lake in Hangchow.

说到所在地我们都喜欢用 where 一个关系副词，其实英文对表地方的名词也是用 which 来代表的，所以例句中的 where 应改为 which，当然最好是把 which is 全部略去。

（25）我们在礼拜天爱睡早觉的习惯很难改掉。

（误译）The habit that we get up late on Sunday mornings is difficult to shake off.

（应译）The *habit of getting* up late on Sunday mornings is difficult to shake off.

（26）看到哈姆雷特和赖尔蒂斯比剑的一幕使我非常感动。

（误译）I was very much impressed by the scene in "Hamlet" that Hamlet fights a duel with Laertes.

（应译）I was very much impressed by the scene in "Hamlet" *in which* Hamlet fights a duel with Laertes.

（27）他的英文知识非常丰富。

（误译）His English knowledge is very rich.

（应译）His *knowledge of English* is very rich.

（28）坐在花园中的篱笆上，一个黄蜂刺了我一下。

（误译）Sitting on a fence in my garden, a wasp stung me.

（应译）*Sitting* on a fence in my garden, *I was* stung by a wasp.

英文的分词片语，必须和后面的主语一致，sitting 是 I am sitting，所以主句中的主语必须是 I。

（29）他是这样说，但我想的不同。

（误译）He says so, but I think different.

（应译）He says so, but I think *differently*.

（30）我或许明天要出门去。

（误译）I shall likely leave home tomorrow.

（应译）I shall *probably* leave home tomorrow.

但可说 I shall *very likely* leave home tomorrow. 原有误译

句中的 likely 是形容词,如作副词用则常伴有 very 或 most 的字样。

3. 违背惯用语法而来的错误

(31)我希望我的父母长寿。

(误译)I hope my parents to live long.

(应译)I hope *my parents will live* long.

英文动词有一定的惯用法(correct usage),有的后面可接不定词,如 I *want you to attend* the meeting.(我要你去开会),有的后面要接动名词,如 How can we *avoid making* mistakes?(我们要怎样才可避免犯错?)还有的后面一定要接一个子句(clause),如本例所示,但 hope 也可接不定词,如 I hope to see you soon again.(希望不久再见)。

(32)那教授毕生献身于英文学的研究。

(误译)The professor devoted his whole life to study English literature.

(应译)The professor devoted his whole life *to the study of* English literature.

据惯用法 devote to 后必须接名词。

(33)我们期待着明天见到你。

(误译)We are looking forward to see you tomorrow.

(应译)We are looking forward *to seeing* you tomorrow.

(34)我要一星期后才能够去。

(误译)I shall be able to go after a week.

(应译)I shall be able to go *in* a week.

在惯用法中 after 指过去,in 指未来。

(35)大家都反对那计划,连我本人也在内。

（误译）Everybody, not except myself, was against the plan.

（应译）Everybody, *not excepting* myself, was against the plan.

英文的 except 一字，如用于否定时，或用在 always 或 without 之后，要改为 excepting，例如 They often went to the theatre, always excepting Cinderella.（她们常去看戏，总是不带辛德雷拉去）。

（36）除了前去之外，没有别的办法。

（误译）There is no other way open but to go.

（应译）There is no *other* way open *than* to go. 或 There is *no* way open *but* to go.

（37）他因盲肠炎开刀了。

（误译）He has been operated for appendicitis.

（应译）He has been operated *upon* for appendicitis.

（38）你的行为不容有何借口。

（误译）Your action admits no excuse.

（应译）Your action admits *of* no excuse.

英文的动词常是既为自动又为他动，不过意思不同罢了，如 admit 一个动词，用作自动时作"容许"解，所以接宾语时要加"of"；用作他动时作"承认"解，如 admit a mistake（承认错误）。

（39）那工作被认为满意。

（误译）The work is regarded satisfactory.

（应译）The work is regarded *as* satisfactory.

（40）你既不对也不错。

（误译）You are not right nor wrong.

（应译）You are not right nor *are you* wrong.

（41）深情厚谊,存没俱感。

（误译）Your kindness will fully be appreciated both by the quick as well as by the dead.

（应译）Your kindness will fully be appreciated *both* by the quick *and* by the dead.

（42）你和你兄弟一样强壮,可能比他更为强壮。

（误译）You are as strong, if not stronger, than your brother.

（应译）You are *as strong as* your brother, if not *stronger than* he is.

（43）我怀疑这事是否真确。

（误译）I doubt that it is true.

（应译）I doubt *whether* it is true.

在否定及问句后则用 that, 如 I do not doubt *that* it is true.（我相信这是真的）。Who doubts *that* it is true? （此事真确无人怀疑）。

4. 滥用英文成语而来的错误

（44）尽管是一个大学生,我兄弟连一封英文信都写不好。

（误译）In spite of a college student, my brother cannot write an English letter properly.

（应译）*Though* (he is)a college student, my brother cannot write an English letter properly.

成语 in spite of 虽则有"虽然"的意思,但在此不可以用,因为 in spite of = not to be prevented by,即不为困难或障碍等所阻,例如 They went out *in spite of* the rain.（不顾下雨他们还是出去了）。We succeeded *in spite of* all difficulties.

（我们虽遭遇种种困难,仍然获得成功）。

（45）看电视,打网球,每个礼拜天就是这样度过了。

（误译）What with watching television and what with playing tennis, I spend every Sunday.

（应译）I *spend* every Sunday *watching* television or playing tennis.

据 Hornby 的解释,这个 what with……what with 的成语,是用于 between various causes 的,最后一字尤其注意,所以中文可译为"半因……半因……",如 what with overwork and (what with) undernourishment, he fell ill.（半因工作过度,半因营养不足,他病倒了）。

十八　二竖的故事试译

凡从事翻译的人,遇到原文艰深晦涩的时候,总不免要先花一些工夫,来细为诠释,加以钻研,然后才可以动笔翻译的。原文是英文的话,就得先看看它的文法结构,再研究它的习语成句,如系古文就得把古字的现代意义找出来。原文如果是中国的古文,最好先将它用白话译出,然后再译成英文。

现在采作材料来翻译的,是中国秦汉以前的一篇古文,所以不得不先下一番语译的工夫,以解决文字上的障碍,因此除原文外,有两篇译文。现就请看下面的原文和翻译。

原　文

晋侯梦大厉,被发及地,搏膺而踊曰:杀余孙不义,余得请于帝焉矣。坏大门及寝门而入。公惧,入于室,又坏户。公觉,召桑田巫,巫言如梦。公曰,何如?曰:不食新矣。公疾病,求医于秦。秦伯使医缓为之。未至,公梦疾为二竖子。曰:彼良医也,惧伤我,焉逃之。其一曰:居肓之上,膏之下,若我何?医至,曰:疾不可为也。在肓之上,膏之下,攻之不可,达之不及,药不至焉,不可为也。公曰:良医也,厚为之礼而归之。

（《左传》）

语 译

　　晋景公做了一个梦,梦见一个身躯高大,长发披地的魔鬼,一面跳跃,一面捶胸的大叫道:"你这没良心的家伙,杀了我的孙儿,我要捉你去见先王。"于是将大门和卧室的门摧毁,直走进来。景公大惊,逃到内室里去,可是那魔鬼接着又打破了内室的门。景公惊醒过来,便把桑田地方的巫师召来询问。巫师说:"我的占卜也和你的梦一模一样呢。"景公问:"那要怎么办?"巫师说:"你吃不到今秋收割的新米了。"景公一听就病倒了,便去请秦国的医生来诊病。秦伯叫缓医生去。医生还没有到,景公已病得神志不清,朦朦胧胧的看见疾病变成了两个小小的人儿,一个说:"那人是个好医生呀,我真怕他会把我杀掉,有什么办法逃跑吗?"另一个回答说:"跑到横膈膜的上面,心脏的下面去,他拿我有什么办法!"缓医生到来,看了景公的病,便说:"这个病没得治了。病已侵入到横膈膜的上面,心脏的下面去了,既不能用外敷药来疗,又不能用针灸法来治,也不能用内服药来医,没得救了呀!"景公说:"真是一个好医生!"于是给了他许多礼物,叫人护送他回去。

英 译

Duke Ching of Chin dreamed of a huge evil spirit with long hair hanging to the ground, who, jumping and beating his breast, scolded: "You are so wicked as to have killed my grandson, and I want to take you to the presence of the late king." On saying so, he broke the front door of the building as

well as the door of the bedroom and came straight in. The duke
was very much frightened and fled to an inner chamber, the
door of which was also destroyed by the spirit.

Startled from sleep, the duke summoned the wizard of
Sang Tien to appear in court and divine. The wizard reported
that the result of his divining was the same as the duke's dream.
The duke then asked him what to do, and the answer was: "I
am afraid, sire, you cannot live to eat the fresh rice to be
cropped this autumn."

The duke then suddenly fell ill, and sent for a physician
from the State of Ch'in to cure his illness. The Earl of Ch'in
dispatched Doctor Huan to attend the duke. Before the doctor's
arrival, the duke was once in a trance, seeing dimly that his
illness had turned into two tiny boys. One said, "That man is a
good doctor. I'm afraid he will kill me. Is there any way for me
to escape?" The other replied: "You'd better enter the vital re-
gion between the heart and the diaphragm like me. What can
he do then?"

When Doctor Huan came, he said to the duke: "There is
no remedy for your illness, sir, because it has entered the vital
region between the heart and the diaphragm. It is impossible to
cure with fomentations, nor can acupuncture reach it, and even
the internal medicine is not effective. There is no remedy for it
really."

The duke said, "What a good doctor he is!" He gave or-
ders that the doctor be sent back with a handsome present.

附录　翻译实例评述

例一

一九七一年二月十三日新加坡国立大学副校长杜进才博士,针对最近一些新大教授在报章上批评新大办理不善的事,特召开一个新闻记者招待会,用英语发表谈话,加以解释,其中有一段原文是这样的:

> As early as 1968, Professor Puccetti indicated to me that he would not want to stay too long in Singapore as he was in his mid-forties and that his purpose of remaining in this university was because he could find the time to do his own research, something which he would not be able to do in a university in the U.S., because of the rat race and the large amount of teaching one has to handle.

第二天新加坡《南洋商报》刊出杜博士谈话的全文,上面一段英文的翻译是这样的:

> 关于布西迪教授的事情,他在一九六八年曾告诉我,他将不会在新加坡居留太久,而他在新大逗留的目的,是因为他可有时间,以从事他本人的研究,而这些条件他在美国大学是无法得到的,因为老鼠的品种及教学上的繁重负担。

【评述】一开头的 as early as,就未译出,接着下面的 as he was in his mid-forties 一句,也完全漏译。前者说那是老早的事,后者说那教授不想久留的理由,二者似乎都不应不译。英文说的 one's forties,是指年龄在四十一岁到五十岁的十年间。还可细分为 early forties,是四十二、三岁,mid-forties 是四十五、六岁,late forties 是四十八、九岁。

在句尾上说的 the rat race,被译成"老鼠的品种",是非常荒谬的。这样一来,使得这个译文变成一派胡言,毫无意义。美国大学的教授并不人人都是生物学家,可说和老鼠的品种毫不相干。race 一字也只能译成"族类",例如 the race of fishes(鱼类),the winged race(鸟类),而不可译成"品种"(kind,sort,grade)。那么,所谓 the rat race 到底是什么意思呢? *Webster's New World Dictionary of the American Language* 解释为[Slang]a frantic scurry or mad scramble.(狂乱的疾走或是疯狂的争夺),这个意思似乎和杜博士说的不大适合。我们不妨再看一九六八年新出的美国字典 *Random House Dictionary of the English Language* 上的说明:Any exhausting,unremitting activity or regular routine.(任何消耗精力而无间断的活动或例行公事),这意思就对了,正是指的美国那种徒劳无功的竞争。如果我们再进一步查阅一下 Harold Wentworth 和 Stuart Berg Flexner 合编的 *Dictionary of American Slang*,更可查出这句俚语的来源了:

(1)Any job, occupation, office, business, or way of life in which action and activity seem more important than specific results or goals. From the traditional image of laboratory rodents being placed on a treadmill to test their energy; hence fig. ,a race on a treadmill.

（任何工作,职业,任务,事情或生活方式的行为与活动,似乎比其明确的结果或目标更为重要。由于传统的概念在实验室中把老鼠放在踏车上以测验其精力,而引申为无止境的踏车竞赛。）

（2）Any occupation, place, social group, or way of life in which success is based on competition and comparison of one's financial and material success with that of others, ignoring personal achievement and satisfaction.

（任何职业,地位,社团或生活方式的成功,是以财力上和物力上的优势,与别人竞争或比较为基础的,不顾个人的成就和满足。）

（3）Any crowded locale, scene, business, or social function of great confusion. Orig. a euphemism implying that sanity or productive work is impossible in such a locale, scene, business, or social function. 1951:"Usually they rather have become weary of frivolous dates, the rat race of ordinary social gatherings."Edna Wilder, AP, N. Y., Dec. 14.

（任何杂沓的场所,出事的地点,发生的事件,或混乱的社交集会。原来是一种委婉的说法,指在这种场所,地点,事件或集会中,不可能有健全而生产的工作。一九五一年十二月十四日纽约美联社王尔德报道:"他们通常对于轻浮的约会,和那些普通社交集会的消耗精力而无间断的活动,感到厌倦起来了。"）

（4）Specif. , a dance or dancing party. Student and teenage use.

（跳舞或舞会。学生和十几岁的青年用语。）

（5）A full dress review. W. W. Army use.

（盛装检阅。第二次世界大战时的军用语。）

【改译】早在一九六八年,布西迪教授就对我说过,他不想在新加坡待得太久,因为他已经是四十五六岁的人了。他又说他留下在本校的目的,是为了他可以找到时间做他自己的研究,那是他在美国大学里所不能做到的,在那儿一个人必须应付那种徒劳无功的竞争和大量的教书工作。

例二

有一次釜山大火,《台湾报》上列出火烧的情形如下:

每小时速率三十里的强度,使火头自一个房屋延烧至另一个建筑物,夹杂的雨水发出火星,大部分市区好像在放烟花。

后来看到同一消息的英文报道,原来如此:

A 30-mile an hour wind flamed the fire from one building to the other and rained sparks like a fireworks display over much of the city threatening to ignore rooftops.

【评述】失火最怕刮风,因风能使火势蔓延,译文中却把一个重要的"风"字漏掉不译,不说"强风",而说"强度",是令人莫名其妙的。"夹杂的雨水发出火星",变成水中喷火,更是笑话。原文中的 rain 是动词,其主语为 wind,句子的骨干为 A wind flamed and rained. 这个动词 rain 为及物动词,有宾语的 sparks,中文也有这样的用法,如《淮南子·本经》:"昔者苍颉作书而天雨粟,鬼夜哭。"threatening to ignore rooftops = threatening the rooftops that ignore it. (威胁着不理睬它的屋脊)。这句话比较难解,所以被译者略去了。

【改译】时速三十里的强风,使大火从这间屋子蔓延到那间屋子,像放烟火一般地把火星散落到大部分的市区,威胁着那些袖手旁观的屋脊。

例三

曾慰译的《漫天烽火一将才》,是从美国《时代周刊》(*Time*) 的 *A Soldier of France* 一文译出的。

(原文)Then last fall, Navarre picked swashbuckling Colonel de Castries over several generals for Dienbienphu, the most important field command in Indo-China.

(曾译)于是在去年秋天,纳伐尔将军把他的职位提高到超过了在奠边府几位将官的职务,是越战中最重要的指挥官。

【评述】句中的主要人物竟不译出,而含糊地用一个"他"字带过去,是译者最大的过失。他又把 picked swashbuckling 译为"提高职位"也是瞎猜的。《综合英汉大辞典》载有 swashbuckler 一字,为"空作威福者"或"虚夸者"的意思。swashbuckling = (n.) the activities, deeds, or adventures of a swashbuckler,(名词)虚夸者的活动,行为或冒险。(adj.)characteristic of a swashbuckler,(形容词)虚夸者的本性或特征。在上文中此字是作形容词用的,意为"虚张声势的","好大喜功的"。Indo-China 指法属印度支那,和现在的越南不同。法国在奠边府一役被越人击破之后,便只得放弃亚洲的这个殖民地回老家去了。这位守奠边府的军人,为他本国这块殖民地送了终,我们的译者还称赞他是一位将才,如非讽刺,便太好笑了。

【改译】于是,去年秋天,纳伐尔撇开了几位将军,而选中好大喜功的卡斯屈瑞上校来戍守奠边府,那是印度支那最重要的战地指挥任务。

（原文）Kin to ten dukes, a marshal of France and one of Lafayette's officers, De Castries joined the French army as a private(1921), got his commission at cavalry officers' school,…

（曾译）寇屈瑞斯上校是一位法国元帅与辣斐德将军手下的军官,也是一个公爵的近亲,一九二一年,他参加法国军队当兵,其后又加入骑兵军官学校攻读,…

【评述】辣斐德是法国的名将兼政治家,曾参加1776年建国的美国独立战争,又在1789年及1830年指导法国革命,他生于1757年,死于1834年。卡斯屈瑞上校戍守奠边府,在1954年五月失陷。时间上相差百多年,他怎么会是辣斐德手下的军官呢?分明是 ten dukes 而被译成"一个公爵",复数变成了单数。got his commission at cavalry officers' school 译成"加入骑兵军官学校攻读",也够荒唐了。commission 一字,从来没有读书的意思,在此是指"任命"、"委任"、"委任状",全句意为在骑兵学校时,他才接到派命,出任军职。凡是有派令的才是军官,否则只是士兵而已,如 non-commissioned 意为无委任状的,未受任命的。non-commissioned officer(略为 N. C. O.),意为军士。

【改译】卡斯屈瑞系与十个公爵,一个法国元帅和一个辣斐德将军的部将,都有亲属关系,他加入法军时是一个上等兵(一九二一年)，后来在骑兵军官学校受命出任军官,…

（原文）The inn caught fire. De Castries just ordered more champagne. "We'll finish our meal,"he told the inn-keeper. "Send for the fire chief. "To the chief he snapped: "Turn your hoses on this house. But if I'm not able to finish my lunch, I'll have you shot. "

（曾译）这个酒店忽然着弹燃烧起来,这时寇屈瑞斯正在要一杯香槟酒的当口,他从容地说:"我们吃完了再说。"他告诉酒店侍者说:"把这杯酒交给救火队长。"俟后又对救火队长尖声叫喊说:"把这些救火皮带管口朝向外面,等到我不能吃完这顿饭时,你们再进来灭火好了。"

【评述】第一句中的 just ordered more champagne 意为"要了更多的香槟酒",被误译为"正在要一杯香槟酒的当口",把过去译成现在了,而且 more 也不是"一杯"。inn-keeper 不是侍者(男侍者为 waiter,女侍者为 waitress),而是酒店老板。send for the fire chief,是"差人去把救火队长叫来",如何可译成"把这杯酒交给救火队长"呢? 译者连惯见的成语 send for 是什么意思都不明白,居然大胆译书,翻译工作的不被人重视,由此可见。我们说 send for a doctor,不是"为医生送去",而是"去请医生来",send for 是"差人去请某人来"的意思。Turn your hoses on this house,不是什么"把这些救火皮带管口朝向外面",而是"对这屋子浇水"。I'll have you shot,译为"你们再进来灭火好了",简直是没有常识的译语。屋子中弹起火,只能在外面灌救,怎样可以"进来灭火"呢？这句译文与原文风马牛不相及,全是瞎猜的。

【改译】那酒店着火了。卡斯屈瑞刚叫了更多的香槟酒。"让我们吃完饭再说吧,"他对酒店老板说,"差人去把救火队长叫来。"他用尖快的声音对那队长说:"把你的水龙头对准这屋子浇。假如我不能在此吃完这顿饭,我就要把你枪毙。"

（原文）An impetuous man, with tawny eyes, a constant wine flush on his cheeks and a towering reputation as a ladies' man……

（曾译）他是一个脾气非常暴燥,具有黄褐色眼睛,脸颊上时常因饮酒而转成红色,又是一个享有盛誉。

【评边】"他是一个脾气非常暴燥"及"又是一个享有盛誉"两句译文的后面,都非加上"的人"二字不可,否则是不通的。impetuous 是从名词 impetus 变来的形容词,名词意为"冲力","推动力",形容词意为"冲动的"（rash）,"猛烈的"或"激烈的"（violent）,不应译为"脾气暴燥的",（附带说明一下,"燥"应作"躁",火旁的燥当干字讲,足旁的躁才是性子很急,坐立不定的意思,成语有性情暴躁,心浮气躁。）最后的 as a ladies' man 未译,致使译文意念不全。

【改译】他是一个勇猛的人,生着一对黄褐色的眼睛,两颊常呈酒晕,而且又是一个很有名的善于对妇女献殷勤的男子。

（原文）When he runs up to lead a charge, "Allons," De Castries has been heard to shout back, "What the hell are you waiting for? Do you expect the enemy to send you violets？Give the bastards the gun."

（曾译）在他领导作战时，老是对那些怕死的士兵说："你们还等什么？等敌人们来侮辱你么？"接着他便命令左右："把枪给这些家伙们。"

【评述】Allons 是一个法国字，意为"来，让我们冲"。这是卡斯屈瑞向后面的军队回喊的话。所谓"老是对那些怕死的士兵说"，是译者瞎栽的。violet 是紫罗兰花，大约译者看成 violent（凶暴的）或是 violate（冒渎，侵害）了，故译成"侮辱"。最后一句"把枪给这些家伙们"，简直正合了意大利人说的 Traduttori-traditori，翻译的人就是叛徒，司令官叫"杀敌"，现译成把枪给敌人，自己缴械，不是叛徒又是什么？bastard 原意为"私生子"，"杂种"，在此指敌人。

【改译】当他领队冲锋的时候，卡斯屈瑞便喊回来："来吧，冲啊！你们还等什么？难道你们想敌人会送花来吗？杀死那些杂种呀。"

（原文）Immaculately clad, garlanded with some 20 campaign decorations, scented with shaving lotion, wearing a bright red cap and shadowed by a Moroccan orderly carrying riding crop and carbine,…

（曾译）干净的衣服，佩上了近二十只勋章，头戴一顶刷亮的红色军帽，手中常执摩洛哥人骑马带的马鞭与卡宾枪。

【评述】句中 scented with shaving lotion 被筛掉了。and shadowed by a Moroccan orderly carrying riding crop and carbine 一句原文，译者既不懂 shadowed by 的意思，又把 orderly（传令兵）一个名词看成副词了。所以译为卡斯屈瑞本人手

中拿着马鞭与卡宾枪。做动词用的 shadow，有"附随"，"尾行"的意思，此处指卡斯屈瑞身边跟着一个摩洛哥人的马弁。

【改译】穿着整洁的军服，佩着二十次战役的勋标，带着润须香水的香味，头戴一顶鲜红色的军帽，并随身跟有一个拿着马鞭和卡宾枪的摩洛哥随从。

（原文）"He will get himself killed，"added another，"or he'll come back a general."

（曾译）又有人说："当他凯旋归来的时候，可能已是一位将军了。"

【评述】He will get himself killed，又被筛掉了。"可能已是"也找不出来源，or 一字也没有译出。

【改译】另外一个补充说："他要么就马革裹尸，不然，他就会变成一个将军回来。"

例四

美国 *Collier's* 杂志刊出的 *Please Take Care of Me* 一文，有罗裕及盛泉二人的节译，题名同译为《新生》。

（原文）She had ordered a pousse-café and was holding it up to the light to look at it.

（罗译）她叫了一杯"浓咖啡"，举在灯光里照着它。

（盛译）她向柜台上要了一杯咖啡饮料，举杯在手，迎着灯光呆视。

【评述】两人都译错了的就是 pousse-café 一字。这是法文，意为 coffee-pusher，并不是咖啡，而是在大餐时饮过咖啡后所进的一小杯 liqueur（一种含有强烈酒精及香味的甜酒）。

【改译】她叫了一杯力曲酒，举起在灯光下去看。

（原文）I snapped my lighter but it was out of fluid and she handed me a little gold thingumabob I couldn't even get hold of. She laughed and took it back and lighted her cigarette and mine. "You have to use both hands," she said.

（罗译）我按着我的打火机，但它没有油，她给我一个金的小玩意，我甚至不能抓住它。她笑着拿回去，点了她和我的烟。

（盛译）我捺着打火机，点燃了她和我的香烟。

【评述】thingumabob 或 thingumajig 或 thingummy 或 thingamy，是在 thing 后加上一些无意义的尾缀而形成的，在口语中意为 what-d'ye-call-it（那叫什么的东西），或有时指人的 what's-his-name（那个叫什么的人）。"某先生"除了译成 Mr. So-and-so 之外，还可译成 Mr. Thingummy. 指物时如说 His gramophone has a little thingamy that changes the records automatically.（他的留声机当中有一个叫什么的小玩意能自动地换唱片）。这个罗译不错，但他却把 get hold of 译错了，这个成语在平常确是应该当"抓住"解的，不过在现在这句话中，却不能一成不变的来译，因为这时打火机分明在手，自不能再说"不能抓住它"，应译为"我甚至无法打开它"，因这个成语除"抓住"的基本含义外，还可引申为"操纵"，"掌握其用法"之类的意思。最后一句说的"你得用双手呀"，不应略去，因与前面的 I couldn't even get hold of 有关。罗译除这两点外,别的都译得不错。盛译则张冠李戴,分明是她点火却译成我点火,其余漏译太多,不在话下。

【改译】我捺开了我的打火机,但没有油了,所以打不燃,她递给我一个金的小玩意,我却没办法打开来。她笑着拿回去了,打出了火,点燃了她自己的香烟,又为我点燃了,她说:"你得用双手才打得开呀。"

（原文）It leaves so many people with half-selves. If you've got a half-self, you're not much good to anyone.

（罗译）它使那么许多人只剩下一半的自我。假使你只剩下一半,你对任何人都无用。

【评述】盛译常整句不译,故未引出加以比较。罗虽译了这句,但译文是很难懂的,什么叫做"一半的自我",非请教罗先生不可。也许译者本人也不明白。他不知这儿说的half-selves,是指 better half(妻)与 worse half(夫)的 half,即只剩一半的夫妻,self 当然是指人。

【改译】它(指战争)使许多人变成了孤寡,假使你变成了孤寡,你对任何人都没有多大用处。

（原文）"But it's impossible to stop and do nothing," she said. "I can't even play the piano any more because the music is so full of associations. I can't go to the places we went together. I get suffocated and can't breathe. I can't stand being with people because what they say sounds like so much nonsense. I can't get interested in doing anything constructive because it all seems so ridiculously futile."

（罗译）"可是那不可能停下来，什么也不干。"她说："我甚至不能再弹琴。随便什么都使我想到他。我对一切都失了兴趣，他们看来是那么可笑的无聊……"

（盛译）"说来容易做时难。我何尝不想停顿一下，把那愁闷的心胸驱逐干净，然后再重新享受以前的一切欢乐。但是过去的一切，莫不令人触景伤情。"她感慨地说。

【评述】罗译用"随便什么都使她想到他"一句，来代替许多句子，未免太图方便了。盛译则是完全的自由创作，不是照原文翻译的，这只能算是窃取别人的意思自己来写文章，不能视为翻译。

【改译】"但是要停顿下来，什么事都不做，是不可能的，"她说，"我甚至连钢琴都不能再弹了，因为那音乐使我发生种种联想。我们曾经到过的地方，我都不能再去。我去了要使我为之哽咽。我不能和人们站在一起，因为他们说的话，听来多么没有意思。我没有兴趣去做任何有建设性的事情，因为这一切都好像徒劳无益，荒谬可笑。"

（原文）"They found out that other people needed them, needed their help," I said. "Most important of all, they learned that a person possesses only what he gives away, and that they were luckier than some women who'd never been loved at all."

（罗译）"他们发现其他的人需要她们，需要她们的帮助，"我说，"更重要的是她们发现一个人，只能拥有他给予过的东西，她们已比从来没有爱情的女人要幸福。"

（盛译）"她们知道徒然留恋过去是没有用处的,她们要面对现实,重新鼓起生活的勇气。她们知道世界上伤心的人很多,他们应该为帮助别人而再生存下去。譬如说,有许多孤儿没有人照顾,有许多寡妇找不到谋生的工作等等,如果你对这些工作发生兴趣,我想你一定不会再消沉下去了。"

【评述】most important 应译为"最重要的",不是比较级,不可译为"更"。who had never been loved 是"从未被人爱过",不是"从来没有爱情"。盛译完全是自己在乱写,与原文无关,无可评述。

（原文）I had trouble getting Elaine out of my mind even while I discussed an assignment for a magazine article on India and Pakistan.

（罗译）甚至我讨论印度和巴基斯坦的访问事务时,我都难以将爱琳撇开脑际。

【评述】罗译将 an assignment（派定的工作）丢掉不译,意思便不同了。"访问"不知从何而来? 盛君则将整句删去,免得译错,被人批评。

【改译】即使我在谈论某杂志请我写的关于印度和巴基斯坦的文章时,我也难以把爱琳从心头撇开。

（原文）I wrote a short note to Elaine then and asked how she was getting along. Her answer was breezy, impersonal and exactly as I knew it would be. She was showing down and the transition was painful, but she was getting there.

（罗译）我写了一个短简给爱琳,接到一封冷淡的回信,她说她安定了下来,改变是痛苦的,但是她已经得到。

【评述】and asked how she was getting along 及 exactly I knew 两句都被筛去没有译出。breezy 是"活泼的","欢乐的","轻松的",也未译出。impersonal 基本意思为"无人格的","无特殊人称的",在此应为"一般性的","空泛的"。she was getting there 译为"她已经得到",有点含糊。俚语 to get there 有"成功","了解"的意思。

【改译】我于是写了一个短简给爱琳,问她近况如何。她的回信轻松空泛,果不出我所料。她已经弛缓下来,这种转变是很痛苦的,不过,她已经成功了。

（原文）I let it drop. But when autumn came and the leaves were beginning to turn yellow I thought of how she'd look in the orange and red and gold of the New England woods, And pretty soon I thought of it so much I was on the train for Vermont.

（罗译）我放下了这件事。可是当秋天到来时,我想到她在新英格兰金黄火红树林里将是如何的一种状态。不久我已踏上去维蒙的火车。

【评述】the leaves were beginning to turn yellow 未译。I thought of it so much（that）也未译,所以最后一句译文脱了节,变得与前文毫不相干了。

【改译】我放下了这件事。但当秋天到来,树叶开始变黄的时候,我想到她在新英格兰的橙红和金黄色的树林里,不知是个什么样子。随即不久,我对这件事想得太多了,所以我就只好踏上开往维蒙的火车。

例五

一九五五年三月号的《读者文摘》上刊有一篇鬼故事 *The Girl Named Lavender*(《紫姑》),作者为 Carl Carmer,有一位署名觌业的人,把它译做《紫堇花》,在报纸副刊上发表出来,译笔歪曲得不成样子,现举出几个例子,以供大家研讨。

(原文)A few years ago the postmaster in a village that lies beside its lonely waters talked often about a lithe tawny girl with hyacinth eyes and wheatyellow hair.

(觌译)草原上村落里的邮局局长在河畔休息时,闲谈中常提到一位明眸大眼,黄发褐肤女郎的故事。

【评述】句中 that lies beside its lonely waters 是形容 village 的,如果是在河畔休息的话,也应该是村落,而不是局长。从前的翻译家讲究信达雅,现在的翻译家就采用猜筛栽,读到觌业的翻译,证明确是如此。就在上面这简单的一句译文中,他也能运用到这三种法宝。他说邮政局长在河畔休息,完全是猜出来的。A few years ago 没有译,lonely waters 没有译,lithe 没有译,hyacinth 没有译,这些都被译者筛掉了。"草原上"及"明眸大眼"是译者瞎栽进去的。a village that lies beside its lonely waters 应译"在那孤寂的流水旁边的村庄"。waters 用复数指流动的水,溪流,江河,海洋,波浪等皆是。Still waters run deep. 是一个成语,意为静水流深,引申为大智若愚,深思的人不大说话。lithe 柔软的,易弯的。hyacinth 洋水仙,花为碧蓝颜色。wheatyellow 麦黄色的。

【改译】早几年,在那流水孤村中的邮政局长,常常谈起一个金发碧眼，肤色黄褐的，轻快活泼的姑娘。

（原文）The postmaster was a sophisticated gentleman, traveled and urbane, member of a distinguished family in these parts.

（觐译）这位局长先生是个富有幽默感的人物，家庭在村庄里也算是世家。

【评述】sophisticated, traveled, urbane 三个字中没有一个字带有一点幽默感的，凭空加上这么一个意义不是瞎栽是什么？译者猜不出来就筛去，再瞎栽些东西进去补足。sophisticated 意为世故的，好矫饰的。traveled 作形容词用，是说游历很广的。urbane（此字不可和 urban 相混，那是都市的），文雅的，和蔼的 in these parts（在那一带）怎样可以拿来专指这个小村庄呢？

【改译】那位邮政局长出生于附近的一个世家，游历颇广，世故很深，为人和蔼而爱矫饰。

（原文）The postmaster would sometimes see him and the girl picking blackberries on a hillside or, on a Saturday night, walking the road to a country dance.

（觐译）就是这位局长教师也在野外遇见她和他的学生们在采摘野花，或者在森林中携手狂舞着。

【评述】原文只说一个学生（him），为什么要译成"学生们"呢？blackberries 是一种浆果，不是野花。hillside 是山边，不是野外。a Saturday night 是很重要的，不宜略而不译。分明是"在路上走着去参加一个乡村的舞会"，竟被译成"在森林中携手狂舞着"，意义完全不同，笔下擅自造作。原文说的

walking the road(走路)的 walk,在此为他动词,类似用法有 He linked his arm in mine, and walked me slowly along the platform. (Max Beerbohm)(他挽着我的手,拉着我沿月台走去)。跳舞会英文不必说 dancing party,单说 dance 就行了。

【改译】那位邮政局长有时就会看见他(一个逃走的男孩子)同那姑娘在山边摘着黑莓,或是在一个礼拜六的晚上,在路上走着,同去参加一个乡村的跳舞会。

(原文)There was a gasp when the preacher pulled from the second barrel a lavender evening dress covered with sequins that glinted like amethysts; it was cut low off the shoulders.

(甄译)出乎意外地竟有一件紫堇花女衣满缀着意大利古代金币闪烁地发着紫色闪光。

【评述】sequin 一字,据《综合英汉大辞典》解释为:威尼斯之古金币(约值美金 225 元),所以甄业要译为"意大利古代金币",但他不想想一件捐给贫民的衣服,上面怎样会缀满着每个值美金二百余元的古金币的呢?谁有这样大方捐出这样阔气的衣服?何况无论怎样的阔人,也不见得要把金币缀满一身的。我们凭常识也不会相信世间有这种事,荒谬大胆的译者竟至形诸笔墨,其无常识可想。amethysts(紫水晶)倒反而不译了。gasp 是屏息,不是出乎意外。lavender 香草名,因花为淡紫色,故用以形容颜色。

【改译】牧师从第二箱中取出一件袒胸露臂的紫色夜会服来,上面镶着一些小金属片,像宝石般闪闪发光,大家一看,全场为之哑然。

(原文)The boys stopped and asked if they could give

her a lift. She eagerly seated herself between them and asked if they were going to the square dance at Sterling Furnace.

（覯译）少年学生们停车查询她是否欲附搭他们的车赴会，探知目的地相似后，她热情地上车，坐在两位少年中间座。

【评述】她只是问他们是不是到 Sterling Furnace 去跳舞，并未"探知目的地相似"，因为目的地并不相同。give her a lift 是让她搭车（免费），并不一定赴会。square dance 以两人为一组，四人相对合舞的一种跳舞。这些译者都猜不透只为筛掉。

【改译】那两位大学生把车子停下来，问她是不是愿意搭乘他们的车子前去，她很热心地登上车来，坐在他们两个人的中间，又问他们是不是到纯净炉去跳方形舞。

（原文）After directing the driver through dusty woodland roads she finally bade him to stop before a shack so dilapidated that it would have seemed deserted had it not been for a ragged lace curtain over the small window in the door.

（覯译）最后车驶至公路旁树林深处，看到一幢孤立茅屋，破烂得只有一个小窗，车在茅屋旁停下。

【评述】译文说"茅屋破烂得只有一个小窗"，一见便知是错误的，因为古语说得好，皮之不存，毛将焉附，一幢屋子只剩下一个窗子，那窗子是不是悬在空中呢？ had it not been for = if it had not been for，意为如果不是的话。

【改译】她指示车夫在泥土的山林路上走了好一阵子之

后,终于达到了她的目的地,她要车夫在一所茅屋的前面停下来了。那屋子破落不堪,如果不是门上那小窗后面挂着破烂的空纱窗帘的话,你会以为是没有人住的呢。

例六

美国现代作家海明威(Ernest Hemingway, 1898—1961)在一九五二年出版的《老人与海》(*The Old Man and The Sea*)获得诺贝尔文学奖金,是现代的一部名著。中文有两个译本,一为辛原译,一为范思平译,后者较为忠实,但仍不免有可推敲的地方,如

(原文)On this circle the old man could see the fish's eye and the two grey sucking fish that swam around him.

(辛译)绕这一圈的时候,老人可以看见鱼的眼睛和它游着的一双灰乳鱼。

(范译)这次兜圈子,老人可以看见那鱼的眼睛,还有两条吸在大鱼身上的灰色的鱼,它们有时绕着它游着。

【评述】辛原将 sucking fish 译成"乳鱼"是错误的,鲨鱼虽属胎生,但它是否经过哺乳阶段却很成问题,即使它有这一个阶段,它也不会跟着雄鲨鱼的,因为作者称这条大鱼用 he 而不用 she,并且下面跟着的一句是 sometimes they attached themselves to him,更显明地告诉读者 sucking fish 是指"吸鱼",不是鲨鱼的小鱼。范译"两条吸在大鱼身上的灰色的鱼",也不大妥当,因为他把 sucking fish 译成"正在吸着的鱼",所以把它的形容句译成"它们有时绕着它游着",不得不多加"有时"两字。其实 sucking fish,不一定要译成进行

式,现在分词是可以当形容词用的,例如 singing birds,不一定要译成"正在唱歌的鸟",而可译成"鸣禽",同样地 sucking fish 也是可以译为"吸鱼"的。

【改译】那鱼兜这一圈的时候,老人能够看到鱼的眼睛,和两条灰色的吸鱼绕着它游。

> (原文)He took all his pain and what was left of his strength and his long gone pride and he put it against the fish's agony and the fish came over on to his side and swam gently on his side……
>
> (辛译)他忍着痛将身上能够挤出的最后一丝力气,连同业已丧失的自尊,一股脑儿向鱼迸发。鱼拉过来了慢慢向船游来……
>
> (范译)他收拾起他所有的痛楚和残余的精力,和他久已丧失了的自傲,他用这一切来和那鱼的苦痛对抗。那鱼到他旁边来了,侧着身子温柔地在他旁边游着……

【评述】上面这句主要的部分直译是"他拿他所有的痛楚,残余的力量,和久已丧失的自傲这一切来和鱼的痛苦较量一下,看谁支持得久,谁熬得过谁"。辛译只注意到老人方面的力量,而忽视了那鱼对抗的力量。范译较为忠实,但"和鱼的苦痛对抗",太直译了,苦痛二字太抽象,不切实。句尾叙述鱼身倾斜以后,再侧着身体在游泳。came over 叙述鱼身倾斜。on to his side = to a position on his side 叙述那鱼倾斜的程度达到侧面向着水底。swam on his side 是侧泳。这儿两个 his 都是指鱼的,不可把它看作是指老人。

【改译】他要唤起久已丧失的自傲,忍住所有的痛楚,去

克服那鱼临死的挣扎。鱼身倾斜了，它侧着身体缓缓地
游着。

例七

《自由谈》五卷四期上登了一篇牧田夫译的《孤叶未凋
零》，是从 O. Henry 的短篇名作 *The Last Leaf*(《最后一叶》)
翻译出来的。现拣几节来研讨一下。

（原文）In a little district west of Washington Square
the streets have run crazy and broken themselves into small
strips called "places".

（牧译）在华盛顿西面有一个小小街区，街道都糊
里糊涂地缠在一起，自相交叉，形成狭长条子，那便是
所谓"区域"。

【评述】那个小地区（不是译者说的小小街区），不是在
华盛顿之西，而是在华盛顿方场之西。这句中的 Square 一
字关系重大，岂可筛掉。如果不说方场，单说华盛顿，是很
有问题的，因为美国的国都叫华盛顿，英文说 Washington D.
C.，而美国西北部有一州也叫华盛顿，英文说 Washington
State，二者都可略称华盛顿。译文中说的"自相交叉"四字，
是从文章后面另外一句中拿来的。至于 called 一字，译者把
它当作另一类似语的 so-called 来译出，当然也就错了。so-
called 译"所谓"而 called 则只能译成"叫做"或"称为"。
place 是指夹在通衢之间的短街，不宜译作"区域"，而应译
作"街坊"，即里巷，英文的 district 才可译作"区域"。

【改译】在华盛顿公园之西的那一带地方，街路纷乱破
裂，自成一些称为"街坊"的小区划。

（原文）An artist once discovered a valuable possibility in this street.

（牧译）在这条街道上，一个艺术家有发现价值的可能。

【评述】"可能"的英文是 potentiality，至于 possibility 应译作"可能性"。这句译文很费解，到底是发现什么价值呢？

【改译】有一位画家曾经在这街上发现了一件难能可贵的事。

（原文）Suppose a collector with a bill for paints, paper and canvas should, in traversing this route, suddenly meet himself coming back, without a cent having been paid on account!

（牧译）譬如说，一个带着一本支票簿去购买颜料，纸张和帆布的人，漫步经过这条街，会突然地发现连一个钱也没有花，他自己又转回来了。

【评述】这一句译得完全把对象弄错了。译者把出卖颜料等画具的商人，看成购买那些东西的画家去了。那商人是来收账的，并不是来买颜料的。collector 是收账的人。bill 是账单（支票应作 check），canvas 是画布，paid on account 是付账，不是花钱。

【改译】比方一个带着别人买了颜料，图画纸，画布的账单来收账的人，他要是走过这条路的话，就会突然发现他自己又走回到原来的地方了，而一文钱的账都还没有收到手！

（原文）So, to quaint old Greenwich Village the art people soon came prowling, hunting for north windows and eighteenth century gables and Dutch attics and low rents.

（牧译）这样的，一群艺术家立刻到这座奇怪而古旧的格林威治村庄来了，他们巡查着，搜索着向北的窗户，十八世纪的屋翼，荷兰式的小楼，和廉价的房租。

【评述】"立刻"的英文应是 at once，原文中只说 soon，应译为"快"或"不久"。prowling 不是"巡查着"，而是"私下探索地走着"。gable 不是什么"屋翼"，屋子的翼英文叫 wing，是从主屋向两边伸出的部分。gable 是人字形屋顶的建筑，（尖顶屋两端的）人字形的墙，英文的解释为 the pointed part of a wall between the two sloping sides of a roof. 又 attics 是"顶楼房"，不应含糊地译作"小楼"。因为荷兰式的建筑，往往在那高屋顶底下，有一间广大的顶楼房间。还有"这座村庄"的座字，也用得不恰当。座是计算高大物体数目用的词儿，如一座山，两座大楼。

【改译】所以对于这个奇妙古老的格林尼支村，那些画家们争求着朝北的窗牖，十八世纪的尖屋顶，荷兰式的顶楼房，和便宜的租金，而很快地就聚居拢来了。

（原文）Then they imported some pewter mugs and a chafing dish or two from Sixth Avenue, and became a "colony".

（牧译）然后他们从六条通输入了白蜡酒杯，和一两只摩光的碟子，于是这样便变成了一块"殖民地"。

【评述】imported 在此只宜说是"运来"，不好硬译作"输入"，因为同在一个城里，不必大张旗鼓地输出输入呢。pewter mugs 是白镴的茶杯，锡和铅的合金叫白镴（应为金旁，不是石旁），用这种合金做的茶杯，不会打破。mug 为直筒的大漱口碗似的容器,不宜盛酒,只合饮茶。"六条通"是日本话,不应滥用于美国的街名。"摩光的碟子"是一个什么玩意,译者自己恐怕也不明白。美国《韦氏新世界辞典》上有 chafing dish = a pan with a heating apparatus beneath it, to cook food at the table or to keep food hot. 意即轻便火锅。

【改译】随即他们从第六街运来了一些白镴的咖啡杯,和一二轻便火锅,便把这地方造成了一个画家的"殖民地"了。

(原文)Mr. Pneumonia was not what you would call a chivalric old gentleman. A mite of a little woman with blood thinned by California zephyrs was hardly fair game for the red-fisted, short-breathed old duffer.

(牧译)肺炎先生不是个所谓谦逊的老绅士。一个被加利福尼亚西风吹得瘦削了的少女,绝不是这个怀着红红拳头的老家伙的对手。

【评述】call 不是"所谓",见前节评述。chivalric 分明是"义侠的",不可译做"谦逊的"。a mite of a little woman 极言其细小瘦弱,不应略去,"少女"不一定是 little 的,尤其不一定是 a mite(微小物)。句中 blood 一字未经译出,所以成为"被西风吹得瘦弱了的少女",实则 blood 在此为 life 或 the essence of life 的意思,thinned 不是修饰 woman 的,而是修饰 blood 的,说她生命脆弱,受不起肺炎病的打击。zephyr 为希腊神话中花神的爱人,由它的气息开花结果,可见是一种温和的风。英国诗人歌诵春天时多提及它。不可译成"西风",因为英文的 west wind 是温暖的,不像中国西风的寒冷。red-fisted 译成"怀着红红拳头",中文不通,应译"满手血腥的",即手上染有血迹的杀人凶手。short-breathed 是描写个性上很重要的形容词,译者不了解它,故只好筛去。它的意思是"呼吸促迫的",以肺炎病的症状拿来形容肺炎本身。duffer 暴徒。

【改译】肺炎先生并不是你所说的那种义侠的老绅士。生长在加州那和风中的,一个纤腰弱质的小妇人,实非那满手血腥,吸呼促迫的暴徒的敌手。

出版后记

钱歌川先生以两类著作闻名于世。

一类是散文,量多质优。据陈子善统计,他在大陆和海外总共出版了散文集二十多本,其数量超过了林语堂和梁实秋,仅次于周作人。另一类是英语教学资料,都是基于他数十年的英语教学经验凝炼而成,有些长期被大学采用作为教材。与一般的英语教学资料相比,钱氏的英语教材富有浓厚的文学底蕴。作者在书中的举例,多出自欧美文豪作品与中国古典文学作品,这让读者在阅读的过程中,提高了字句锤炼及语言感受能力。

这本《翻译的基本知识》典型地体现了钱氏作品的特点,在不长的篇幅中,读者既能了解翻译的历史与理论知识,又能有足够的例句学习翻译的具体技巧,是不可多得的翻译基础入门书。

在此要特别感谢张兆龙先生,是他不辞辛劳帮助我们联系远在美国纽约的钱歌川的女儿钱宁娜女士,我们才得到了钱先生著作的出版版权,使得这些优秀的著作得以在大陆出版。《翻译的技巧》《英文疑难详解》《英文疑难详解续篇》也会陆续与读者见面,敬请期待。

服务热线:133-6631-2326   139-1140-1220

服务信箱:reader@ hinabook. com

后浪出版公司
2015 年 5 月

图书在版编目（CIP）数据

翻译的基本知识 / 钱歌川著 . —— 北京：
北京联合出版公司，2015.6（2024.1 重印）
ISBN 978-7-5502-5092-5

Ⅰ . ①翻… Ⅱ . ①钱… Ⅲ . ①翻译—基本知识 Ⅳ . ① H059

中国版本图书馆 CIP 数据核字 (2015) 第 080342 号

翻译的基本知识

著　　者：钱歌川
出 品 人：赵红仕
选题策划：后浪出版公司
出版统筹：吴兴元
特约编辑：张　鹏
责任编辑：刘　凯
封面设计：周伟伟
营销推广：ONEBOOK
装帧制造：墨白空间

北京联合出版公司出版
（北京市西城区德外大街 83 号楼 9 层　100088）
北京天宇万达印刷有限公司印刷　新华书店经销
字数 92 千字　889 毫米 × 1194 毫米　1/32　5 印张　插页 4
2015 年 6 月第 1 版　2024 年 1 月第 9 次印刷
ISBN 978-7-5502-5092-5
定价：38.00 元